G. H Jacubasch

Sonnenstich und Hitzschlag

G. H Jacubasch

Sonnenstich und Hitzschlag

ISBN/EAN: 9783743351073

Hergestellt in Europa, USA, Kanada, Australien, Japan

Cover: Foto ©ninafisch / pixelio.de

Manufactured and distributed by brebook publishing software (www.brebook.com)

G. H Jacubasch

Sonnenstich und Hitzschlag

Sonnenstich und Hitzschlag.

—

Als Monographie bearbeitet

von

Dr. G. H. Jacubasch,

Stabsarzt am medicinisch-chirurgischen Friedrich-Wilhelms-Institut zu Berlin.

Berlin, 1879.
Verlag von August Hirschwald.
68 Unter den Linden.

Vorwort.

Die Grundlage dieses Werkes bildet ein, im Jahre 1873 in der deutschen militair-ärztlichen Zeitung erschienener Aufsatz über den Hitzschlag. Da die betreffende Arbeit während meiner Anwesenheit in Frankreich entstand, so konnte die einschlägliche Litteratur nicht in dem Maasse berücksichtigt werden, wie es im Interesse der Sache erwünscht gewesen wäre. Ausserdem war es unter den dortigen Verhältnissen unmöglich, selbständige Untersuchungen über einzelne, besonders wichtige Punkte vorzunehmen.

Im verflossenen Sommer bot sich mir nun die Gelegenheit, im hiesigen Virchow'schen Institute Experimente an Thieren anzustellen, deren Resultate in mehrfacher Beziehung von Interesse sind. Bei der Bearbeitung des Werkes stand mir die reichhaltige Bibliothek des Friedrich-Wilhelms-Institutes, die königliche und Universitäts-Bibliothek, sowie die des statistischen Amtes und der kaiserlichen Admiralität zur Verfügung, sodass die gesammte in- und ausländische Litteratur eine eingehende Berücksichtigung finden konnte. In Bezug auf den Inhalt bleibt noch hervorzuheben, dass eine, in den Tropen sehr verbreitete Krankheitsform, der Wärmeschlag, ebenfalls ausführlicher besprochen ist, sodass die vorliegende Arbeit eine ziemlich erschöpfende Darstellung der genannten Krankheiten geben dürfte.

Berlin, Ende April 1879.

Der Verfasser.

Inhalt.

I. Litteratur. *)

(Chronologisch geordnet.)

* *Baglivus*, G., Opera omn. medico-practica et anatom. Lugduni 1704, pag. 623.

* *Portio*, L. A., De militis in castris sanitate tuenda. Ed. J. C. Rieger, Hagae Comitum 1739, Cap. II.

* *Storch* (ens), J., Theor. u. pract. Abhandlung von vielerhand sowol innerlichen, als äuserlichen Krankheiten u. s. w. Eisenach 1759.

* *Swieten*, G. van, Kurze Beschreibg. u. Heilungsart d. Krankh. u. s. w. Münster 1759, S. 70.

* *Lieutaud*, J., Synopsis univers. praxeos medic. etc. Amstelodami 1765. S. 333.

* *Monro*, D., Kriegs-Arztneywissenschafft u. s. w. Aus d. Engl. ins Franz. u. aus d. Franz. ins Deutsche übers. Altenburg 1771, I. S. 59.

* *Pringle*, J., Beobachtungen über die Krankh. d. Armee. Aus d. Engl. übers. von A. E. Brande. Altenburg 1772, S. 155.

* *Tissot*, S. A. D., Anleitg. f. d. Landvolk in Absicht auf s. Gesundh. Aus d. Franz. übers. v. H. C. Hirzel. Zürich 1775, Cap. X.

* *Fernandez*, F. B., Tratado de las epidemias malignas, y enfermedades particul. de los exerc. etc. Madrid 1776, S. 54.

* *Horn*, Ueber d. Missbrauch d. Aderlassens b. forcirten Märschen. Schmucker's vermischt. chir. Schriften. Berlin u. Stettin 1786, II. S. 134.

* *Mursinna*, Ch. L., Beobachtungen über d. Ruhr u. d. Faulfieber. Berlin 1787.

* *Hunter*, J., Bemerkungen über d. Krankh. d. Truppen in Jamaika. A. d. Engl. Leipzig 1792.

* *Jäger*, J. C., Beiträge z. Kriegsarzneywissenschaft u. s. w. Frankfurt a. M. 1795, II. 230.

* Handbuch d. Kriegsarzneykunde. Leipzig, 1795, I. 41 und 108.

* *Reil*, J. C., Ueber die Erkenntniss u. Cur d. Fieber. Halle 1799, II. 243.

Compet, Traité pract. des maladies graves des pays chauds. Paris 1802, p. 306.

---

*) Ein * bedeutet, dass das betr. Werk im Original vorlag.

Jacubasch, Sonnenstich und Hitzschlag.   1

* *Larrey*, J., Rélation historique et chirurg. de l'expéd. de l'armée d'Orient etc. Paris 1803.

Moseley, Treatise on tropical diseases. London 1803.

Delaroche, Expériences sur les effets qu'une forte chaleur produit dans l'économie animale. Thèse. 1806.

* *Kerkhoff's*, J. R. L., Hygiène milit. Maestricht 1815, S. 38.

* *Loebel*, L., Wichtige Ansichten über die Berücksichtigg. d. Insolation u. s. w. Hufeland's Journal f. pract. Heilk. 40. Bd., Hft. 6, S. 56 (1815, Juni).

Ziermann. Ueber d. vorherrschenden Krankh. Siciliens. Hannover 1819., S. 208.

* *Steinkühl*, Sectionsber. zweier an Sonnenstich verstorbener Ind. u. s. w. Hufeland's Journ. f. pract. Heilk. 49. Bd., Hft. 5, S. 35 (1819, Nov.).

* *Ozanam*, J. A. F., Allg. u. bes. Gesch. d. epidem. Krankh. Aus d. Franz. übers. v. H. Brandeis. Stuttgart u. Tübingen 1820.

Chisholm, A manual of the climate and diseases of tropical countries etc. London 1822.

* *Schnurrer*, F., Chronik d. Seuchen. Tübingen 1823.

Bellingeri, Storia della encefalitide etc. Torino 1825, S. 78.

* *Coste*, U., Observations sur la campagne d'Espagne en 1823. Paris 1825.

Repertorio medico-chir. di Torino. 1825.

Browne, A., — London med. and phys. journ. 1826, Maerz.

Mitchel, On the „coup de soleil" comm. by Dr. Jon. Edinb. med. and sourg. journ. Vol. 29. 1828, pag. 96.

Oliver, Anales de ciencias... de la Habanna. 1829, Apr.

* *Hasper*, M., Ueber d. Natur u. Behandl. d. Krankh. d. Tropenländer u. s. w. Leipzig 1831, II. 458.

Doepp, Abhandlgn. St. Petersburger Aerzte. V. 336. (1831 ?).

Beisser, Dissert. sur la Calentura. Thèse. Paris 1832.

* *Andral*, G., Observat. sur les malad. de l'encephale etc. Clinique médicale. Paris 1834, Tome V, 250.

* *Münzenthaler*, Merkwürdige Krankheitsfälle u. s. w. Hufeland's Journ. für pract. Heilk. 78. Bd., V. Heft, S. 73. (1834, Mai.)

Jobim, C., Discurso sobre as molestias, que mais affligem a classe pobre de Rio de Janairo. Rio de J. 1835.

Lindesay, Transact. of med. and phys. soc. of Calcutta VII. 81 und in India journ. of med. scienc. II. 88. (1835.)

* *Kühn*, E., Schmidt's Jahrb. der in- u. ausländ. gesammt. Med. Leipzig, 5 Bd. S. 32. (1835.)

Russel, J., — London med. gazette. 1836, Apr.

Segond, — Revue médicale. 1836, p. 161,

* *Esquirol*, E., Des malad. mentales etc. Paris 1838.

Gibson, Transact. of the med. and phys. soc. of Bombay. Vol. I. 75. (1838).

* Statistical report of the sickness... among the troops in West-Indies. London 1838.

Drobbey, Gener.-Ber. des Königl. rhein. Med.-Coll. 1839, S. 64.

Guislain, Lettres méd. sur l'Italie. Gand 1840, p. 28.

Thevenot, Traité des maladies... au Senegal. Paris 1840, p. 243.

Wellsted, Travels to the city of Caliph's etc. London 1840, p. 95.

Milligan, — Madras quaterly journ. of med. scienc. 1840, II. p. 329.

Mouat, Extract from a report on the sickness etc. ibid. 1840, II. 322.

Murray, — ibid. 1840, II. 322.

Don, — Transact. of the med. and phys. soc. of Bombay. 1840, III. 12.

Bisset, — Madras quat. journ. of the med. sc. 1841, III. 167.

Mc. Gregor, — ibid. 1841, III, 168.

Shanks, — ibid. 1841, III, 173.

Mortimer, — ibid. 1841, III, 205.

Allan, — Edinb. monthly journ. of med. 1841. p. 560.

Brunel, Observ. topograph.-méd... faites dans le Rio-de-la-Plata etc. Paris 1842, p. 37.

Dowler, — New-York med. gaz. (Vol. I. No. 21), 1842, p. 214.

* *Hauff*, Schmidt's Jahrb. 23 Bd. S. 325. (1842.)

Mc. Gregor, Pract. observ. on the princ. diseases etc. Calcutta 1843, p. 155.

Mutel, Ph. Eléments d'hygiène milit. Paris 1843.

Sigaud, Du climat et des malad. du Brésil. Paris 1844, p. 118.

Harthill, — Prov. med. and sourg. journ. 1845, p. 56.

Geddes, Clin. observat. on the diseases of India. London 1846, p. 201.

Mc. Leod, — Americ. journ. of med. sc. 1846, p. 361 (Apr.).

Giehrl, Ueber ein acutes, wahrscheinl. durch Sonnenstich erzeugtes Oedem. Bayr. med. Corresp.-Blatt. 1846, No. 44.

Tschudi, — Oestr. med. Wochenschr. 1846, S. 727.

Moses, J., New-York med. and sourg. rep. for the year 1846.

Heusinger, Recherch. de pathol. compar. Cassel 1847, I. S. 302.

* *Pruner*, F., Die Krankheiten des Orients u. s. w. Erlangen, 1847, S. 295.

* *Heusinger*, C. F., Zur Lehre von der Apopl. pulm. Wochenschr. f. d. ges. Heilk. 1847, S. 40.

* *Albers*, J. F. H., Die Verschiedenh. v. Apopl. capill. u. s. w. ibid. 1847, S. 132.

Schott, — Würtemberg. med. Corresp.-Blatt. 1847, S. 166.

Pepper, — Transact. of the coll. of physicians. Vol. 21, p. 183. (1847 ?)

Lente, — ibid. Vol. 21. p. 536.

Perrier, Explorat. scientif. de l'Algérie. Scienc. méd. Paris 1847, II. 96.

Celle, Hyg. pract. des pays chauds etc. Paris 1848, p. 54.

Siebert, Febris aestivalis, eine Art Insolation. Haeser's Arch. Bd. 10, S. 65. (1848.)

Henry, — Journ. des connaiss. méd.-chir. 1848, Sept.

Hartshorne, — Amer. journ. of the med. sc. Vol. 18, p. 66. (1849.)

Condie, — Transact. of the coll. of phys. of Philadelphia. Vol. III, 1850.

Pepper, W., — ibid. und in Americ. journ. of med. sc. 1851, Jan.

* *Casses*, J. A. A., Quelqu. considér. prat. sur l'hyg. mil. Thèse. Strasbourg 1851.

*Joerg, E., Darstellg. d. nachtheil. Einflusses des Tropenklima's u. s. w. Leipzig 1851, S. 19.

Lente, — Amer. journ. of med. sc. 1851, S. 536, (April.)

Dowler, — New-York med. gaz. 1851, July.

* Rigler, L., Die Türkei u. deren Bewohner. Wien 1852, S. 271.

Blake, Clima and diseases of California. Amer. journ. of med. sc. 1852.

Haspel, Maladies de l'Algérie. Paris 1852, II. 417.

Langham, J. P., Cases of the morbit effects of heat. The Lancet 1852, Jan.

Lidell, — New-York journ. of med. 1852, pag. 91.

Joachim, — Ungar. Zeitschr. f. Natur- u. Heilkunde. 1853, IV. 1.

Drake, Treatise on the principal diseases ... of North-Amerika. Philadelphia 1854, II. 708.

*Bernhard, Bericht über ... das Vorkom. v. Krankh. im Staate Nicaragua. Deutsch. Klin. 1854, No. 8.

Swift, — New-York journ. of med. New Ser. XIII, 45. (1854.)

* Weisenberg, A., Ueber d. Behandlg. des Sonnenstichs. Virchow's Arch. VII. 169. (1854.)

Arnott, — Transact. of the med. and phys. soc. of Bombay (1855) X. 34 und New Ser. II. 149.

Heffermann, — Ibid. X. 216.

* Bernhard, M., Medicina castr. Berlin 1855, S. 12.

* Heymann, S. L., Versuch einer path.-ther. Darstellg. d. Krankh. in den Tropenländern. Würzburg 1855, S. 169.

* Riecke, C. F., Der Tod durch den Sonnenstich oder Hitzschlag. Quedlinburg 1855.

Fröhlich, Fälle von Tetanus und Gehirn-Affection. Würtemb. Corresp.-Blatt 1855, No. 3.

Davidson u. Chevers, Sunstroke, Indian Annals u. Lancet. 1855, Juli 7.

Inquests in cases of death from sun-stroke. Lancet 1855, July 14.

Hill, — Indian annals of med. sc. 1855, Oct. p. 188.

* Plagge, Th., Der Tod auf Märschen in d. Hitze. Worms 1856.

Morehead, clinic. research. on diseas. in India. London 1856.

Dowler, B., — New-Orleans med. and sourg. journ. 1856, Jan.

Hill, M. G., — The brith. and foreigh. med. review. 1856, Apr.

Hunt, — Buffalo med. journ. 1856.

Reyburn, — Americ. journ of med. sc. 1856, (Apr.) p. 415.

Lex, R., De insolatione. Diss. inaug. Berlin 1857.

Gibbons, Annual address delivered bef. the Francisco med. soc. 1857.

Scoutetten, L., De l'insolation etc. Metz 1857.

* Plagge, Th., Zur Aetiologie des Hitzschlags u. s. w. Deutsche Klin. 1857, Oct. 31.

Beatson, G. S., — Med. Times and gaz. 1857, Dec. 19.

Gordon, — ibid. 1857, Dec.

* Wald, H., Gerichtl. Medicin. Leipzig 1858.

Taylor, J. R., On erethysmus tropicus. Lancet 1858, II, Aug. 1 u. 21, (p. 355).

Hunter, II. A., Coup de soleil in India. London med. Tim. 1858, Dec. 18.

Laure, Considérat. sur les malad. de Guyana etc. Paris 1859, p. 72.

Martin, J. R., On the heat-apoplexie or sun-fever. Lancet 1859, Jan. 1.

Darrach, B., Cases of exhaustion from heat. Americ. journ. of med. sc. 1859, (Jan.) S. 55.

Levick, J., Remarks on sunstroke. Ibid. 1859, Jan.

Delacoux. Aperçu sur les thermoginoses intertrop. etc. Journ. d. connaiss. med. 1859, Mars 20.

Longmore, Th., Heat-apoplexie. Lancet 1859, Maerz 26.

Pirrie, W., On insolatio, sunstroke. ibid. 1859, Mai 21.

Cutler, E., Burn the rays of the sun. Brit. med. journ. 1859, July 23.

Graves and *Gerhard*, — Clinical lectures 1859.

Merril, A. P., On sunstroke. Amer. journ. of med. scienc. 1859, July.

Simpson, Transact. of the med. and phys. soc. of Bombay. 1859, p. 246.

Mantegazza, Sulla America meridionale lettere mediche. Milano 1860, p. 189.

Longhurst, A., Coup de soleil with remarks. Lancet 1860, Jan. 7.

Longmore, — Indian annals of med. sc. 1860, S. 396.

Butler, — ibidem 1860, S. 407.

Brougham, — ibid. 1860, S. 525.

Gordon, C. A., On the prevalence of heat-apoplexie etc. Edinbourg med. journ. V, 185, (1860).

Chapple, R.. Rapport on sudden mortality from coup de soleil. London med. Times. 1860, July 28.

Smith, E., Remarks on sunstroke ibid. 1860, Sept. 1.

Peake, II., — Americ. med.-chir. rev. IV. 859, (1860).

Crauford, — Madras quat. journ. of. med. sc. 1860, p. 306, (Oct.).

Barclay, — ibid. 1860, p. 347.

Ducleaux, M., Histoire de la congestion rachid. Compt. rend. de l'acad. d. sc. Tom. 50, p. 543.

Harless, E., — Sitzungsber. d. königl. bayer. Akad. d. Wiss., 1860, Juni. (Vgl. Zeitschr. f. rationelle Med. Bd. 8.)

*Statistical, sanitary and medical reports. Vol. I. 1859 ff. London 1861.

* *Murphy*, M., Detaill. histor. of two cases of apoplexie, or the apopl. of the hot winds etc. Ibid. 1859, p. 267.

* *Todd*, R. C., Remarks on solar apoplexy. Ibid. p. 271.

* *Barclay*, Remarks on sunstroke. Ibid. p. 273.

Dutrouleau, Traité des maladies ... dans les pays chauds etc. Paris 1861, p. 12.

Lowe, — Madras quat. journ. of med. sc. 1861, Jan. 18.

James, H. E.. — Americ. med. Tim. New Ser. III. July 1. (1861).

* *Hirsch*, A., Handb. d. hist.-geogr. Path. Erlangen 1862, II. 597.

Clarke, — Indian annals of med. sc. 1862. p. 60.

Guyon, Des accidents produits par la chaleur etc. Compt. rend. Tom. 65, p. 487. (1862.)

* *Friedel*, C., Beiträge zur Kenntniss des Klim. u. d. Krankh. Ost-Asiens. Berlin 1863, S. 55.

Nevière, M., De l'insolation, considerée etc. Thèse. Strasbourg 1863.

Nouvelle doctrine relat. à l'hist. méd. de l'Algérie. Journ. méd. milit. Tom. 52, (1863 ?).

Wood, II. C., On sunstroke. Amer. journ. of med. sc. 1863, Oct.

Bonnymann, — Edinb. med. journ. XIV, 1029, (1864).

Dumas, A. E. P., Essay sur l'insolation. Montpellier 1864. Thèse.

* *Parkes*, E. A., A manual of pract. hygiene. London 1864, S. 413.

Stiles, C., — The Boston med. journ. 1864, Jun.

Smart, Ch., On sunstroke etc. Amerie. journ. of med. sc. 1865, Apr.

* *Hartmann*, R., Naturgeschichtlich-med. Seizze d. Nilländer. Berlin 1866, S. 408.

Moreau, N., De l'insolation comme cause de mort subite au Sénégal. Montpellier 1866. Thèse.

Texier, H., Considér. sur plusieurs eas de mort subite etc. ibid. 1866. Thèse.

Baxter, C. P., A few remarks on sun-stroke etc. Dublin quat. journ. 1866, p. 122, (Febr.).

Berchon, J. A. E., Des dangers de l'insolation. Journ. de la campagne 1866, p. 174.

Walther, A., Ueber tödliche Wärmeproduction im thier. Körper. Bull. d. Petersburger Acad. XI, 17. (Biolog. Auszüge S. 138). 1866.

Levick, J., Sunstroke treated by the ext. use of ice. Amer. journ. of med. sc. 1866, Oct., p. 573.

* *Passauer*, Ueber Todesfälle durch Insolation u. s. w. Vierteljahrsschr. f. ger. Med. N. F. Bd. VI. 2. S. 185. (Auszug in: Allg. milit.-ärztl. Zeitg. Wien 1867, Juni 2.)

Ferber, R. H., Folgen übermässiger körperl. Anstrengung (Hitzschlag u. s. w.). Wagner's Arch. d. Heilk. Bd. 9, Hft. 5, S. 487, (1868).

* *Ochwadt*, A., Beiträge zur Militair-Hygiene u. s. w. Berlin 1868, S. 164.

* *Jones* and *Pick*, A case of sunstroke, death, autopsy. Lancet 1868, II. p. 114.

Bäumler, Case of heat-stroke. Med. Times and gaz. 1868, Aug. 1.

Johnson, G., Pathologic and treatment of sunstroke. Brit. med. journ. 1868, Aug. 1.

* *Maclean*, W. C., On the prevention and treatment of sunstroke. Lancet 1868, II. 144.

Bennet, Case of heat-stroke. Brit. med. journ. 1868, p. 179. (Aug. 15.)

Wrench, E. M., Heat-apnoea and sunstroke. ibid. p. 179.

Bullar, J., On cerebral excitement from the heat. Ibid. 1868, p. 188.

Strange, W., On sun-fever etc. ibid. 217.

* *Jones*, H., On sunstroke. Lancet 1868, II. 544 (Oct. 24).

Little, J., Cerebral mischief left after sun-stroke Med. Tim. and gaz. 1868, p. 445 (Oct. 24).

Skake, F., On insanity, caused by ... sunstroke. Edinb. med. journ. 1866, p. 679 (Febr.).

Löffler, F., Generalber. über d. Gesundheitsdienst im Feldzuge gegen Dänemark 1864. Berlin 1867.

Obernier, F.. Der Hitzschlag. Bonn 1867.

Schneider, A., Zur Lehre vom Sonnenstich. Inaug.-Diss. Jena 1867.

* *Wagner*, E.. Zur Kenntniss d. Sonnenstichs. Schmidt's Jahrb. Bd. 129, S. 292, (1866).

* *Thurn*, Zur Kenntniss des sog. Sonnenstichs. Wiener med. Wochenschr. 1867, S. 928, (Juli 24).

Bauer, Einige Bemerkungen über die Insol. Arch. f. wiss. Heilk. III, 2, S. 167, (1867).

* *Coote*, H. A.. case of sun-stroke; death in forty hours. Lancet 1867, I. 664, (Juni 1).

* *Michaelis*, Zur Conservation des Mannes. Die Marsch-Asphyxie. Allg. militairärztl. Zeitg. Wien 1867, Sept. 15.

* *Walther*, A., Von d. Wirkg. strahlend. Wärme auf d. thier. Organ. Centralbl. f. d. med. Wiss. 1867, S. 770.

*Statistical report of the health of the navy for the year 1867. ff.

Hellbig, E., Ueber 3 Fälle von Insolation. Inaug.-Diss. Leipzig 1868.

* *Striper*, H., Der Hitzschlag. Inaug.-Diss. Berlin 1868.

Lolliot, — Gazette, des hôpit. 1868, Févr. 15.

Jones, C. H., On heat-stroke. Med. press and Circul. 1868, Nov. 18 ff.

M' Kendrick, Case of meningo-cerebritis (heat-stroke). Edinb. med. journ. 1868, Dec.

Levick, J., On heat-fever (sunstroke). Pennsylvania hospital rep. I. 369, 1868.

* *Staples*, Insolation, occurring at Nowshera etc. Army med. rep. for 1868, S. 296.

* *Roch*, Insolation, occurring on board the Abyssinian hospital ship „Golden Fleece". Ibid. 1868, p. 303.

* *Kirchner*, C., Insolation. Lehrb. d. Milit.-Hyg. Erlangen 1869, S. 423.

Napheys, Effects of heat-stroke. Philadelphia med. and sourg. Reporter. 1869, (Febr.) p. 6.

Nolan, W., Practical remarks on insolation. Dublin quat. journ. of med. 1869, (Febr.) S. 72.

*Der Hitzschlag auf Märschen u. s. w. Militair-Wochenbl. 1869. No. 20 u. 21.

Trastour, E., — Journ. de med. de l'Ouest. 1859, jouin. 30.

Smith, M., On sunstroke. New-York med. Record. 1869, July 15, (p. 221).

Hutchinson, J. H., — Pennsylv. hosp. rep. II. p. 291 (1869).

* *Meissner*, H., Zur Lehre vom Hitzschlag. Schmidt's Jahrb. Bd. 141, S. 89. (1869).

Thompson, ll., Fatal case of sunstroke etc. Brit. med. journ. 1870, July 9, (p. 35).

Vallin, E., Recherch. experim. sur l'insolation etc. Arch. gén. VI Sér. XV, 129 (1870).

*Andrew, Sequelae of exposure to the sun. Lanc. 1870, II. 183.

Siereking, Case of heat-apoplexy, followed by catalepsy. Ibid. p. 184.

*Symons, II. E., Case of heat-apoplexie. Ibid. p. 184.

*Jones, II., Case of heat-affection; clinical remarks. Ibid. p. 254.

*Death from sunstroke. Ibid. p. 316.

Salter, F. H., Treatment of a case of sunstroke by venaesection. Med. Tim. and gaz. 1870, Aug. 27 (p. 236).

*Jacubasch, Ueber den Hitzschlag auf Märschen. Milit. Blätter. Bd. XXIV, S. 229, (Aug. u. Sept. 1870).

Catlin, A. W., Coup. de soleil followed by paralysis. Boston med. and. sourg. journ. 1870, p. 306 (Nov. 10).

*Statist. Sanitäts-Ber. f. d. K. preuss. Armee. Berlin 1870. (Beginnt mit d. J. 1867).

Thin, G., On sunstroke. Edinb. med. journ. 1871, p. 780 (March).

Webber, S. G., Sequelae of sunstroke. Boston med. and sourg. journ. 1871, Apr. 20 (VII, 257).

* *Macdonald*, J. W., Two cases of sunstroke. Lanc. 1871, II, 289.

Coggin, D., Three cases of sunstroke. Boston med. and sourg. journ. 1871, Aug. 31, (VIII, 129).

Vogelsang, Ueber Sonnenstich. Memorab. 1871, Hft. 9, S. 219.

Vallin, Du mécanisme de la mort par la chaleur extér. Arch. géu. de méd. 1871, Déc. et 1872, Janv.

Grimaud, L., Considérat. sur l'insolation et la chaleur solaire. Nantes 1872. (Thèse.)

Hestrès, P., Étude sur le coup de chaleur etc. Paris 1872.

* *Rosenthal*, J., Zur Kenntniss der Wärmeregulirung etc. Erlangen 1872.

* *Thurn*, W., Die Entstehung von Krankh. als directe Folge anstrengend. Märsche (Marschkrankheiten). Berlin 1872.

* *Wood*, H. C., Thermic fever or sunstroke. Philadelphia 1872.

* *Clapham*, W. C. S., Particulars of a case of sunstroke. Lanc. 1872, I, 464.

* *Boehme*, A., Gesundheitspflege für d. deutsche Heer. Berlin 1873, S. 69.

Beard, G. M., Certain nervous sequelae of cerebrospinal and thermic fever (sunstroke). Arch. of scientif. and pract. med. New-York 1873, (No. 2), p. 316.

*Militair-statist. Jahrbuch für d. Jahr 1870. Wien 1873, II. (Jährlich 2 Bd.)

* *Jacubasch*, Der Hitzschlag. Deutsche mil.-ärztl. Zeitschr. 1873, S. 465, (Hft. 9).

Rothmund, v., Ueber den Sonnenstich. Bayr. aerztl. Intellig.-Bl. 1873, No. 45.

*Der Sonnenstich und Hitzschlag auf Märschen. Berlin 1873,

*Morache, G., Traité d'hyg. milit. Paris 1874 (Insolations etc. p. 915).

* *Speck*, C., Tod durch mässig erhöhte Temperat. Vjhrsschr. f. ger. Med. N. F. XXI Bd. S. 249, (1874, Jan.).

*Statist. Sanitäts-Ber. über die K. deutsche Marine. Berlin 1874. (Beg. mit 1. Juli 1873.)

*O'Leary, T, C., Two case of sunstroke, treated etc. Army med. rep. f. 1872. London, 1874, p. 431.

*Laveran, A., Traité des malad. et épidém. des armées. Paris 1875, p. 81.

Parkes, E. A., On the issue of a spirit ration during the Ashanti Compaign of 1874 etc. London 1875.

*The med. and sourg. history of the war of the rebellion (1861—65.). Washington 1875, Part I, Vol. 1.

Barnett, J. R., Hypoderm. inject. of atropia in certain cases of sunstroke. Amer. journ. of med. sc. 1875, Jan. (p. 111).

Soltmann, O., Drei Fälle von Insolation. Jahrb. f. Kinderheilk. N. F. 2. p. 164. (1875).

*Köster, K., Zur Pathologie des Hitzschlags. Berlin. klin. Wochenschr. 1875, No. 34.

*Myrdacz, Ueber Hitzschlag mit Rücksicht auf sein Vorkomm. in der Armee. Allg. militairärztl. Zeitg. Wien, 1875, No. 25 — 29.

*Arndt, R., Zur Pathologie d. Hitzschlages. Virch.'s Arch. Bd. 64, S. 15. (1875.)

*Claude Bernard's, Vorlesungen über die thierische Wärme. Uebers. v. Schuster, Berlin 1876. S. 311.

Hall, R. A., On the treatment of sunstroke etc. The practitioner, 1876, March.

*Fayrer, J., On sunstroke. The London medic. record. 1876, Jun.

*Siedamgrotzky, Zwei Fälle von Hitzschlag. Berl. klin. Wochenschr. 1876, Jul. 17, (No. 29).

*Revillout, V., Cas curieux d'insolation. Gazette des hôpit. 1876, jouill. 20.

*Sunstroke and alcohol. Lancet 1876, July 22. (II. p. 141).

*Smith, S., Two cases of sunstroke etc. Ibid. Jul. 29, (II. 153).

*Fox, E. L. Case of sunstroke etc. Ibid. Jul. 29, (II. 154).

Brown, C. B., — Boston med. and sourg. journ. 1876, Aug.

Garvin, L. F. C., — ibid. 1876, Aug.

Mackay, G., — Brit. med. journ. 1876, Aug.

Drake, — Canada med. journ. 1876, Sept.

*More, J., Tetanus following sunstroke. Lancet 1876, Sept. 16, (II. 395).

*Chute, H. M., Treatment of sunstroke. Ibid. Oct. 14, (II, 563).

*Baer, Schmidt's Jahrb. Bd. 165, S. 177, (1876).

Trastour, E., L'abandon de la saignée est-il un progrès? Congrès scientif. de Nantes 1876.

*Roth, W. u. Lex, R., Sonnenstich und Hitzschlag. Handb. d. Milit.-Gesundheitspflege. Berlin 1877, III, 402.

*Bartens, Ueber den Einfluss strahlend. Wärme auf den Organ. Allg. Zeitschr. f. Psychiatrie XXIV, 296, (1877).

*Litten, M., Ueber den Einfluss erhöhter Temperat. auf den Organ. Virch.'s Arch. Bd. 70, S. 46 (1877, Mai 1).

*Sunstroke, Lancet 1877, I, 851.

* *Ullmann*, Ein Beitrag zur Actiologie u. Prophylax. d. Hitzschlages. Berl. klin. Wochenschr. 1877, Aug. 6.

* *Wittelshöfer*, L., Der Sonnenstich im k. k. Heere. Der Militairarzt 1877, Aug. 17.

* *Biedert*, Hitzschlag. Deutsche militair-aerztl. Zeitschr. 1877, S. 406.

* *Knox*, M., Cold douche and quinine in heat-apoplexie. Lancet 1877. II, 415.

* *Brochin*, L'insolation. Gazette des hôpit. 1877. Oct. 6.

* Amtlicher Bericht der 50. Versammlung deutsch. Naturf. München 1877, S. 319.

* *Lahaye*, J. P. M., Essai sur la forme cérébrale de l'insolation. Paris 1878. Thèse. *Lacassagne*, A., De l'insolation et coup de chaleur. L'Union méd. 1878, janv.

* Kriegs-Sanitäts-Ordnung vom 10. Jan. 1878. Berlin 1878, S. 214.

Jones, C. H., — Med. times and gaz. 1878, March 16.

* *Kirchner*, Insolation u. Refrigeration. Deutsch. militair - aerztl. Zeitg. 1878, S. 233 (Mai).

* Vom Occupationsschauplatze. Wien. med. Wochenschrift 1878, No. 39. (Sept. 28).

* *Anderson*, A. R., Case of insolation. Lancet 1878, II, p. 404.

* *Leu*, R., Ueber die Ursachen u. das Wesen des Hitzschlages. Berlin 1878. Inaug.-Diss.

II. Geschichtliches.

Sonnenstich und Hitzschlag sind neben Typhus und Ruhr von jeher die Geisseln der Kriegsheere gewesen; die Geschichte aller Zeiten und Völker liefert uns zahlreiche und traurige Belege hierfür. Was zunächst das Alterthum anbelangt, so reichen, wenn wir von einigen Stellen im Homer*), Vergil**), Ovid***), Livius †) u. s. w. absehen††), die ältesten Nachrichten, welche sich über das Vorkommen von Hitzschlag auf Märschen vorfinden, bis in die Zeit Alexander's des Grossen zurück. Als derselbe nämlich durch die Wüste Sogdiana zog, blieb ein grosser Theil des Heeres unterwegs vor Erschöpfung liegen, sodass die Verluste auf diesem Marsche beträchtlicher als in jeder der früheren Schlachten waren. Es heisst zwar bei Quintus Curtius†††), die Soldaten seien in

---

*) Die Geschosse, mit welchen Apoll die Achäer tödtete, werden von einigen Schriftstellern als Sonnenstrahlen gedeutet. Vgl. Ilias I, 43 ff.

**) Georgic. III, 478 ff.

***) Zwei Menschenalter vor der Belagerung von Troja herrschte auf der Insel Aegina eine allgemeine Sterblichkeit, deren Ursache Ovid auf die anhaltende Hitze zurückführt. Metamorph. VII, 517 ff.

†) „Siccitate eo anno (sc. 424 a C. n.) plurimum laboratum est: nec coelestes modo defuerunt aquae, sed terra quoque, ingenito humore egens, vix ad perennes suffecit amnes .... Nec corpora (sc. hominum) modo affecta tabo, sed animos quoque multiplex religio et pleraque externa invasit ...“ IV. 30.

††) Auch in der Bibel kommen mehrfach, auf Sonnenstich bezügliche Andeutungen vor, z. B. im Buche Judith, cap. 8, v. 2 und 3: „Und ihr Mann hatte geheissen Manasses, der war in der Gerstenernte gestorben. Denn da er auf dem Felde war bei den Arbeitern, ward er krank von der Hitze und starb ...“ Vgl. ausserdem Psalm 121, 6, Jonas 4, 7, und 2 Kön. 4, 19.

†††) Qu. Curtii Rufi de reb. gest. Alexandri Magni. VII, 5.

Folge des übermässigen Genusses von kaltem Wasser gestorben
(„qui intemperantius hauserant, intercluso spiritu exstincti sunt"),
doch dürfte die Annahme wohl richtiger sein, dass hier der Tod
durch Hitzschlag eingetreten sei.

Einen ähnlichen Vorfall beschreibt Dio Cassius*), nach dessen
Angabe ein Theil der Armee des Aëlius Gallus im Jahre 24
v. Ch. G. in Arabien durch Hitze und Wassermangel zu Grunde ging.

„Τὸ δὲ δὴ νόσημα", fügt der genannte Autor hinzu, „οὐδενὶ τῶν συνήθων
ὅμοιον ἐγίγνετο, ἀλλ' ἐς τὴν κεφαλὴν ἐνοχῇψαν, ἐξαίραινεν αὐτήν. καὶ τοὺς μὲν
πολλοὺς αὐτίκα ἀπώλλυε, τῶν δὲ δὴ περιγιγνομένων ἔς τε τὰ σκέλη κατῇει....
καὶ ἐκεῖνά τε ἐλυμαίνετο. ἴαμά τε αὐτοῦ οὐδὲν ἦν, χωρὶς ἢ εἴ τις ἔλαιον οἴνῳ
μεμιγμένον καὶ ἔπιε καὶ ἠλείψατο ..."

Aus den nächsten Jahrhunderten fehlt jegliche Nachricht über
das Auftreten der genannten Krankheiten, höchstens dürften die
plötzlichen Todesfälle, welche im Jahre 555 unter den Alemannen
zu Rom und unter den Franken in Oberitalien vorkamen, als
Sonnenstich aufzufassen sein.**) Ziemlich reich dagegen an derartigen Ueberlieferungen ist wiederum die spätere Geschichte des
Mittelalters. Besonders hatten die Kreuzfahrer, und vor allen die
im Juli 1097 durch Bithynien und Phrygien marschirende Abtheilung, von Hitzschlag und Sonnenstich zu leiden, sodass „oft
gegen 500 Mann an einem Tage dahinsanken".***) Ferner musste
Kaiser Friedrich der Erste im Jahre 1155 mitten auf seinem
Zuge gegen Spoleto umkehren, weil die Soldaten den glühenden
Sonnenstrahlen des italienischen Himmels nicht gewachsen waren†),
und in der Schlacht zwischen Ottokar und Bela IV, am 12. Juli
1260, verschmachteten viele Ungarn lediglich in Folge der enormen
Hitze. Auch in einzelnen, ungewöhnlich heissen Sommern erreichte
die Zahl der am Sonnenstich Verstorbenen eine erschreckliche Höhe,
wie z. B. 1426 in Belgien, wo „mehr Menschen durch die Hitze
umkamen, als durch das Schwert der Feinde"††).

Aus der neueren Zeit ist zunächst ein Ereigniss zu erwähnen,

---

*) Cassii Dionis Coccejani historiae romanae. Lib. 53, cap. 29.
**) Schnurrer, I. 130.
***) ibid. 225.
†) ibid. 243.
††) ibid. 290 u. 366.

2

welches die Armee Friedrich's des Grossen während des 7jährigen Krieges betraf. Als dieselbe nämlich am 6. August 1760 von Marienstern nach Niedergork bei Bautzen marschirte, sollen an diesem Tage gegen 300 Mann an Hitzschlag gestorben sein*). Ein Augenzeuge, der damalige Regimentschirurg Horn, schildert uns diese Catastrophe in nachstehender Weise: Der Tag war heiss, die Luft schwül und vollständig windstill. Die Armee war des Morgens sehr früh aufgebrochen, und bereits gegen Mittag begannen die Soldaten umzufallen, was im Laufe des Nachmittags immer häufiger wurde. „Einige hatten eine blassröthliche Gesichtsfarbe, viele waren ganz blass, die Augen starr und die Stimmen äusserst schwach, viele lagen sinnlos ohne Respiration, und der Puls war kaum zu fühlen, viele (und von diesen starben die meisten) raseten, und einer schrie, dass es ihm ganz grün vor den Augen wäre, andere bekamen heftige Convulsionen und epileptische Motus und starben plötzlich. Die mehrsten von diesen Umgefallenen, und auch unter den Todten, waren junge Leute. Hier wurde nun häufig zur Ader gelassen. . . . Die mehrsten von denen, welchen zur Ader gelassen wurde, starben. . . "

Ein zweites derartiges Unglück ereignete sich 1778 im bayrischen Erbfolgekriege bei der Armee des Prinzen Heinrich. Die Monate Mai und Juni waren ziemlich kühl gewesen, am ersten Juli trat jedoch plötzlich eine derartige Hitze ein, dass eine Menge Leute während des Marsches ohnmächtig niederstürzten. Den folgenden Tag marschirte die ganze Armee in Colonnen. „Was dies heisst, und wie ein solcher Marsch die Truppen ermüdet, kann nur der begreifen, der diesem mit beigewohnt hat. Unser Regiment brach des Morgens um 2 Uhr auf und rückte des Abends um 7 Uhr in die Quartiere. . . . Das Mittagsmahl wurde auf einem dürren Sandberge gehalten, derweilen die ganze Colonne zwei Stunden rastete. Die Hitze war so gross, und der Sand so heiss, dass ich mich kaum bergen konnte. . . Wir waren so unglücklich, hier auf diesem dürren Sandhügel kein Wasser zu haben, weswegen von jeder Compagnie zehn der muntersten Leute beordert wurden, 1000 Schritt von hier Wasser, das eben nicht das reinste war, zu holen. . .

---

*) Nach andern Berichten betrug die Zahl der Todesfälle nur 80. Vgl. Hdb. der Kriegsarzneikunde, 1795, I, S. 41.

Ich ritt langsam das gelagerte Regiment herunter, fand Alles still und traurig, was nicht zu viel Branntwein getrunken hatte, aber besonders alle Gesichter verstellt, bleich und mager, als wenn sie alle in einer Nacht zehn oder mehrere Jahre älter oder krank geworden wären... Fast auf jedem Schritt Weges lag ein Mann ohnmächtig, und ganze Trupps zu Fünfzigen am Wege unter der Aufsicht einiger Feldscheers und Unterofficiers, die sich bemühten sie wieder zu ermuntern, oder wieder ins Leben zurückzubringen. Selbst von unserem, gewiss einem der besten Regimentern in der Armee, habe ich zu Fünfzigen sammt ihren Officieren auf dem Wege liegend gefunden, die aber doch gegen die Nacht alle wieder gesammelt, und ziemlich gestärkt in die Quartiere gebracht wurden" (Mursinna).

In den napoleonischen Feldzügen war es vorzugsweise die armée d'Orient, welche von Hitzschlag und Sonnenstich zu leiden hatte. Larrey, der damalige chirurgien-en-chef dieser Armee, äussert sich über den Marsch durch die lybische Wüste folgendermassen*): „Jamais armée n'a pu éprouver d'aussi grandes vicissitudes, et d'aussi pénibles privations. Frappés des rayons d'un soleil brûlant, marchant tous à pied sur un sable plus brûlant encore, traversant des plaines immenses d'une effrayante aridité, où l'on trouvait à peine quelques cloaques d'eau bourbeuse, presque solide, les soldats les plus vigoureux, dévorés par la soif et accablés par la chaleur, succombaient sous le poids de leurs armes."

Auch in unserem Jahrhunderte ereigneten sich derartige Vorfälle nur zu häufig. So stürzten am 21. Mai 1827 bei einem Manöver des Gardecorps zwischen Berlin und Potsdam, die Mannschaften „in Massen am Wege nieder", und die Truppen-Colonnen „lösten sich in Erschöpfte und Kranke auf". Vom 1. Garderegiment allein starben 3 Mann und 14, welche an „stickflussähnlichen Zuständen" litten, wurden in das Lazareth zu Potsdam gebracht, wo sie nach einiger Zeit wieder genasen (Rieke). Noch verhängnissvoller wurde der 17. Juni 1848 für das 19. Infanterie-Regiment, welches bei einer Hitze von 37,5° C.**), von Posen nach Kosten

---

*) S. 8. Vgl. auch S. 150 und 248.

**) Alle Temperaturen in diesem Werke sind, wenn es nicht anders angegeben, nach Celsius.

marschirte, und an diesem Tage 1 Unterofficier und 20 Mann durch Hitzschlag verlor.*)

Ungeheures Aufsehen machte ferner seiner Zeit folgendes Ereigniss in Belgien: Am 8. Juli 1853, nach Beendigung der jährlichen Uebungen, verliessen die Truppen das inmitten der Kempner Haide errichtete Lager von Beverloo. Zwei Bataillone des 3. Jäger-Regiments sollten bis znr nächsten Eisenbahnstation Hasselt marschiren und von dort aus mittelst Extrazuges nach Brüssel befördert werden. Schon auf halbem Wege fielen einzelne Soldaten todt nieder, und die Mehrzahl blieb unterwegs vor Erschöpfung liegen, sodass von den abgegangenen 600 Mann nur 150 mit dem Zuge in Brüssel ankamen. „Die ganze Nacht wurde von Hasselt aus mit Karren und Laternen längs des Weges gesucht; jeden Augenblick brachte man auf einer Tragbahre oder auf requirirten Fuhrwerken neue Leichen oder neue Sterbende. Gestern wurden in Hasselt 14 Todte begraben; 22 blieben in Behandlung, die theils wahnsinnig geworden, theils an Gehirn-Congestionen litten**).

Kaum ein Jahr später trug sich bei der russischen Armee ein ähnliches Unglück zwischen Bukarest und Kampina zu: „Die Hitze an diesem Tage war so gross, dass ganze Bataillone ihren Marsch einzustellen gezwungen waren. Tags darauf mussten viele Hunderte von Wagen requirirt werden, um die an Sonnenstich und Gehirnaffectionen leidenden Soldaten in die Spitäler zu führen. Von der, von diesem Unglück betroffenen Abtheilung, die etwa aus 6000 Mann bestand, sind nicht mehr als 3000 in Kampina angekommen".***)

Auch die französische Armee wurde im August desselben Jahres auf einem Marsche in der Dobrudscha (bei Karassee) von einem gleichen Unfalle heimgesucht, über welchen jedoch detaillirtere Verlustangaben fehlen.†)

Im italienischen Feldzuge von 1859 ereignete sich beim französischen Heere eine zweite derartige Catastrophe beim Ueber-

---

*) „Berlinische Nachrichten" vom 24. und 25. Juni 1848 (No. 145 u. 146).
**) „Magdeburgische Zeitung" vom 14. Juli 1853 (No. 161).
***) „Magdeburgische Zeitung" vom 12. Juli 1854.
†) Ibidem, 9 Sept. 1854.

gange über den Mincio (4. Juli), indem bei der ca. 12,000 Mann
starken Division des Generals Antemarre nicht weniger als 2000
Mann vom Hitzschlage getroffen wurden, von denen 26 starben
(Guyon).

Ganz enorm hoch beziffern sich die Erkrankungen und Todesfälle an Hitzschlag während des amerikanischen Secessions-
Krieges von 1861—64. Dieselben betrugen, laut Ausweis der
offiziellen Verlustlisten:

	a. Weisse Truppen		b. Farbige Truppen	
	Erkran-kungen	Todesfälle	Erkran-kungen	Todesfälle
Im Mai u. Juni 1861	74	1		
vom 1. Juli 1861 — 30. Juni 1862	416	18		
„ 1862 — „ 1863	1221	48	111	8
„ 1863 — „ 1864	2388	73		
„ 1864 — „ 1865	2168	89	252	32
„ 1865 — „ 1866	350	32	220	18
	6617	261	583	58

In Summa ereigneten sich somit 7,200 Erkrankungen mit 319
Todesfällen, was bei einer Effectiv-Stärke der Armee von 2,604,180
Köpfen eine Morbiditätsziffer von 2,54 pro mille giebt.

In dem dänischen Kriege von 1864 kamen bei der in
Jütland operirenden Division Falkenstein gleichfalls verschiedene
Fälle von Hitzschlag vor, jedoch fehlen in dem betreffenden Berichte*) alle näheren Angaben über Anzahl und Ausgang der Erkrankungen.

Während des österreichischen Feldzuges von 1866 scheint
Hitzschlag bei der preussischen Armee nur vereinzelt aufgetreten

---

*) Löffler, S. 29. Nach einer schriftlichen Mittheilung des O.-St.-A. Dr.
Dittmar ereigneten sich am 9. Juli 1864 in der Nähe von Hörby (Jütland)
zahlreiche Fälle von Hitzschlag ohne tödlichen Ausgang. Wahrscheinlich sind
die Angaben Löffler's auf diesen Vorfall zu beziehen.

zu sein, wenigstens habe ich nirgends speciellere Angaben darüber ausfindig machen können.*)

Ueber den deutsch-französischen Krieg von 1870/71 fehlen noch die officiellen Berichte, jedoch liegt aus jener Zeit die Schilderung eines Ereignisses vor, welcher ich das Nachstehende entnehme: In den letzten Tagen des Juli 1870, als das pommersche Armeecorps um Berlin in Cantonnements-Quartieren lag, machte die 3. Division einen grösseren Uebungsmarsch. „Der Tag war gewitterschwül, und der Weg führte zum Theil durch sandige und wasserarme Gegenden. Es wurden nur Feldwege marschirt, Dörfer gar nicht berührt". Schon lange vor dem ersten Rendez-vous waren verhältnissmässig viel Leute ausgetreten und liegen geblieben. In Folge dessen wurde in aufgelösten Colonnen marschirt, die Halskragen durften geöffnet, die oberen Rockknöpfe aufgemacht, die Halsbinden abgenommen und die Helme mit Mützen vertauscht werden. Das grosse Rendez-vous wurde gegen 9 Uhr auf freiem Felde gemacht und dauerte ungefähr 1 Stunde. Nach demselben wurde sehr langsam marschirt und den Leuten alle möglichen Bequemlichkeiten gestattet. Trotzdem traten wiederum Viele aus, die unter der Aufsicht von Unterofficieren zurückgelassen wurden. „Nach und nach änderte sich das indessen. Es blieb nicht mehr beim blossen Schwachwerden und Austreten. Nachdem der Marsch ungefähr eine halbe Stunde gedauert hatte, traten die Fälle von wirklichem Hitzschlage ein. Die Leute fielen um und blieben wie todt liegen" oder wälzten sich in heftigen Krämpfen am Boden. Bald nach 11 Uhr wurde das Dorf Pankow erreicht und hinter demselben, auf der schattigen Schönhausener Allee, ein zweites Rendez-vous gemacht, während dessen die Leute mit Trinkwasser versorgt wurden. Nach Verlauf einer guten Stunde wurde wieder aufgebrochen und trotzdem jetzt im „prachtvollsten Schatten" marschirt wurde, „stürzten die Leute doch wieder zu Hauf", bis inzwischen die ersten Häuser von Berlin erreicht worden waren. Wie hoch sich die Zahl der auf diesem Marsche vom Hitzschlag Befallenen beziffert, vermag der betreffende Berichterstatter (Arndt)

---

*) Das 3. Garde-Regiment soll am 3. Juli, am Tage des Ausmarsches aus Potsdam, 4 Mann an Hitzschlag verloren haben

leider nicht anzugeben, doch sollen wenigstens sieben der schwerer
Erkrankten gestorben sein".

Der ungewöhnlich heisse Sommer von 1873 ist in der
Geschichte des deutschen Heeres durch zwei verhängnissvolle
Ereignisse verzeichnet, die wohl noch einem Theile der ge-
ehrten Leser erinnerlich sein dürften. Das eine trug sich bei
Sédan in Frankreich, das andere bei Rosenfeld im Würtembergi-
schen zu.

Das 3. bayrische Infanterie-Regiment hatte gegen Ende der
deutschen Occupation Charléville und Mezières besetzt, deren Räu-
mung am 23. Juli erfolgen sollte. Schon um 3 Uhr Morgens
wurde Reveille geschlagen; um 5 Uhr verliessen das 1te und 3te
Bataillon Charléville, marschirten durch Mezières hindurch und
nahmen an der Strasse nach Sédan Rendez-vous-Stellung ein, da
inzwischen die Uebergabe der Festung stattfinden sollte. Die letztere verzögerte sich indessen, sodass der Weitermarsch erst gegen
7 Uhr angetreten werden konnte. Das 1. und 2. Bataillon marschirte auf Sédan, während das 3te bei Flize abbog und die
Richtung auf Vendresse einschlug. Der Tag war glühend heiss,
die Luft schwül*), der Himmel umwölkt, und nur gegen
11 Uhr kam die Sonne auf kurze Zeit zum Vorschein. Während des Marsches**) wurde noch zweimal (je 10 und 30 Minuten) gerastet, und das Einrücken in Sédan erfolgte um 12
Uhr. Gegen 11 Uhr begannen sich, nachdem schon vorher
einzelne Leute ausgetreten waren, die Erkrankungen beim 1. Bataillon derartig zu häufen, dass die Befallenen unter Aufsicht eines Arztes zurückgelassen und in Wagen nachgeführt
werden mussten.

Das erste Bataillon hatte an jenem Tage ausser einer „grossen
Anzahl" leicht Kranker 17 schwer Erkrankte, von denen noch 3
im Laufe desselben Nachmittags starben. Beim 2. Bataillone kamen gleichfalls zahlreiche leichte und 23 schwere Erkrankungen
mit 2 Todesfällen vor, während das 3. Bataillon zwar 90 Erkran-

---

*) Nachmittags gegen 5 Uhr entlud sich ein äusserst heftiges Gewitter.
**) Die Entfernung zwischen Charléville und Sédan beträgt ungefähr
25 Kilom.

kungen (darunter 2 schwere), aber keinen einzigen Todesfall zu
beklagen hatte.*)

Wenige Tage später, am 31. Juli, ereignete sich der schon
angeführte Vorfall bei Rosenfeld. Die 7. Compagnie des 114. Infanterie-Regiments marschirte Morgens 6 Uhr von der Burg Hohen-
zollern ab, um sich für die Dauer der Herbst-Uebungen dem Regimente anzuschliessen. Die Entfernung bis Rosenfeld beträgt etwa
25 Kilometer; das Terrain ist hügelig, und der Weg steigt kurz
vor der Stadt ziemlich steil bergan. Die Temperatur der Luft betrug beim Abmarsche gegen 10° R., war jedoch beim Einrücken
in Rosenfeld bis auf 28° gestiegen und soll in dem einen Thale
noch erheblich höher gewesen sein. Der Himmel war wolkenlos,
die Sonne brannte und der Weg bot im Grossen und Ganzen wenig Schatten. Gegen 9¼ Uhr wurde an einer schattigen Stelle
eine fast einstündige Rast gehalten, wo die Leute Wasser und
¼ Liter guten Bieres erhielten. Zwei kürzere Rendez-vous wurden
noch weiterhin in dem vorhin erwähnten Thale gemacht. Auf
der letzten Strecke des Weges erkrankten 1 Officier und 23 Mann
an Hitzschlag, von denen 8 im Verlaufe von 1½ — 8 Stunden
starben. Fünf Leute mussten am nächsten Tage in Rosenfeld zurückbleiben, während die übrigen ihren Marsch wieder fortsetzen
konnten.**)

Noch ein anderer Vorfall sei hier erwähnt, welcher sich 1875
beim Füsilier-Bataillon 58. Infanterie-Regiments zutrug. Genanntes
Bataillon rückte am 12. August Morgens 6 Uhr aus Fraustadt i/Schl.
aus, um sich zu den Herbstmanövern zu begeben. Der Tag war
drückend heiss (Morgens 6 Uhr 17,0°, Mittags 25° R. im Schatten),
die Luft schwül und vollständig windstill. Der Weg — die zu-
rückzulegende Entfernung betrug ungefähr 28 Kilometer — war

---

*) Nach brieflichen Mittheilungen des Reg.-Arztes Dr. Lukinger und der
Stabs-Aerzte Dr. Hauer und Ghillany.

**) Am nämlichen Tage kamen bei der 8. Compagnie desselben Regiments
6—7 Erkrankungen mit einem Todesfalle auf dem Marsche von Rastatt nach
Bühl vor.
Nach Mittheilungen des Stabsarztes Dr. Viehoff und des Districtsarztes
Dr. Drescher.

ziemlich sandig, anfänglich schattenlos und führte weiterhin durch
niedrige jeden Luftzug abhaltende Kieferschonungen. Das erste
grosse Rendez-vous von ungefähr $^3\!/_4$ stündiger Dauer fand in
einem schattigen Laubwäldchen, das zweite, welches eine Stunde
währte, auf freiem Felde statt. Auf beiden wurde das Gepäck und
die Waffen abgelegt und den Mannschaften reichlich Trinkwasser
verabfolgt. Bis zum zweiten Halt hatte die Truppe nur einzelne
Erschöpfte; je weiter man indessen marschirte, desto mehr Leute
traten aus, sodass schliesslich im Ganzen zwischen 30 und 40 Mann
unter den Erscheinungen des Hitzschlages, darunter 12 schwer, erkrankten. Von diesen starben drei noch während des Transportes
und drei nach der Ankunft in den Quartieren*).

Zum Schlusse will ich noch eine Catastrophe anführen, welche
sich 1878 bei der österreichischen Occupationsarmee in Bosnien ereignete. Die 6. Division brach am 30. Juli Morgens 4 Uhr aus dem
Lager bei Brood auf, überschritt die Save und marschirte nach etwa
einstündigem Aufenthalte auf der Strasse nach Dervent weiter.
Die Strecke Brood-Dervent ist arm an Wasser, sodass man auf
dem ersten Rendez-vous nur schlechtes, auf dem zweiten zwar gu-
tes Wasser, aber in unzureichender Menge antraf. Schon in den
Vormittagsstunden waren viele Leute ausgetreten, die jedoch während der zweistündigen Rast wieder zu ihren Truppentheilen zu-
rückkehrten; späterhin, als das Terrain allmählig einen hügeligen
Character annahm, wurde dies Austreten immer häufiger, sodass
bald beide Seiten der Strassen mit Mannschaften wie „besäht“
waren. Von einem einzigen Regimente blieben z. B. nicht weniger
als 320 Mann zurück, und nach dem Eintreffen im Lager musste
eine Sanitäts-Abtheilung ausrücken, um die Marschunfähigen auf
Tragbahren heranzuholen. Die Summe der Erkrankten habe ich
nicht in Erfahrung bringen können, die Zahl der Gestorbenen soll
die enorme Höhe von 31 erreicht haben**).

———·———

Es ist ein trübes Bild, welches ich hier vor den Augen des
Lesers entrollt habe, zumal da es nur zu deutlich zeigt, dass wir

---

*) Nach brieflichen Mittheilungen des Stabs-Arztes Dr. Ockel.
**) S. Wiener med. Wochenschr. 1878, No. 39.

trotz aller Humanitätsbestrebungen unserer Zeit und ungeachtet der bedeutenden Fortschritte der Gesundheitspflege noch heutzutage nicht im Stande sind, derartige Unglücksfälle gänzlich zu verhüten. Zum Theil liegt dies wohl in unserer modernen Taktik, bei welcher bekanntlich der Sieg nicht mehr mit dem Schwerte allein, sondern auch mit den Beinen erfochten wird, zum Theil beruht es auf den irrigen Anschauungen, welche noch über die Entstehung und das Wesen des Hitzschlags verbreitet sind. Bevor ich jedoch hierauf näher eingehe, will ich im Anschlusse an den historischen Theil einen kurzen Ueberblick über die verschiedenen Ansichten geben, welche sich im Laufe der letzten Jahrhunderte über beide Krankheiten entwickelt haben.

Die älteste Annahme ist, dass der Tod bei Sonnenstich (der Unterschied zwischen Sonnenstich und Hitzschlag existirte anfänglich noch nicht) durch Gehirn-Apoplexie erfolge, wie dies z. B. Baglivus*) mit folgenden Worten ausspricht: „Epidemicae hujus apoplexiae causa peti jure merito posset ab insueta illorum annorum aëris intemperie. Aestas anni 1693 erat adeo exurens, ut siccitate omnia consumi videbantur".

Noch bestimmter drückt sich (1765) Lieutaud**) aus, indem er sagt: „et hicce insultus nihil discrepat ab apoplexia fortissima". Ueber die Art und Weise, wie man sich das Zustandekommen dieser Apoplexieen dachte, giebt uns Monro (1771) folgende Auskunft: „Müssen die Soldaten eine sehr grosse Hitze ausstehen . . . , so verdünnen sich die Säfte, nehmen weit mehr Platz ein und dehnen die Gefässe aus. . . ."

Es ist nun unzweifelhaft, dass hohe Temperaturen bei Entartung der Arterienwände zu Gehirnhaemorrhagieen führen können, aber derartige Fälle sind, wenigstens in unseren Breiten, ziemlich selten. Man gerieth deshalb bei den Autopsieen mit dieser Erklärung sehr häufig in Verlegenheit und begnügte sich dann, sobald die Blutextravasate fehlten, mit der Annahme einer „apoplexia serosa".

Weiterhin, d. h. im Anfange des 18ten Jahrhunderts, wurde

---

*) S. 623.
**) Bei Lieutaud findet sich meines Wissens zuerst das Wort „coup de chaleur".

von Portio, van Swieten, Pringle u. s. w. eine andere Ansicht
zur Geltung gebracht, dass nämlich der Sonnenstich eine entzünd-
liche Affection des Gehirns, eine wahre encephalitis sei. So führt
z. B. Storch unter den Ursachen der Gehirn-Entzündung an,
„wenn Einer das Haupt lange den hitzigen Sonnenstrahlen ... zum
Besten geben muss", und van Swieten erklärt von der Tobsucht
(phrenitis): „Diese Krankheit wird gemeiniglich verursacht von
grosser Sommerhitze, besonders wenn die Soldaten mit blossem
Kopf bei heissem Sonnenschein einschlafen".

Den ersten Zweifel gegen die Richtigkeit dieser Lehre äusserte
1819 Steinkühl, welcher auf Grund zweier Sectionsbefunde die
Vermuthung aussprach, dass der Tod „nicht sowohl von dem Gehirn und den Nerven, als von den Organen der Respiration und
dem zugleich mitbetheiligten Herzen ausgegangen sei. ..."

Damit begann sich die Trennung zwischen Sonnenstich und
„Lungen-Apoplexie", wie der Hitzschlag anfänglich bezeichnet
wurde, vorzubereiten, wenngleich die Unitäts-Lehre noch für lange
Zeit die herrschende blieb. Ungefähr 20 Jahre später (1836) machte
Russel auf die relativ normale Beschaffenheit des Gehirns bei den
an Hitzschlag Verstorbenen aufmerksam und erklärte deshalb die
Affection des Gehirns als das Secundäre, die Veränderungen der
Brustorgane und des Blutes dagegen als das Primäre. Diese, sowie die
späteren Arbeiten der englisch-indischen Aerzte Gibson, Mouat,
Mc. Gregor, Shanks u. s. w. scheinen jedoch in Deutschland
wenig Beachtung gefunden zu haben, denn noch 1842 schreibt der
damalige Referent der Schmidt'schen Jahrbücher: „Dr. B. Dowler
zu New-Orleans hat die Beschreibung einer ebenso merkwürdigen
als fürchterlichen Krankheit mitgetheilt, welche in den südlichen
Staaten von Nord-Amerika, namentlich in Louisiana heimisch und
unter dem Namen sun-stroke bekannt ist".

Bis zum Beginne der zweiten Hälfte dieses Jahrhunderts hatte
die dualistische Lehre in England (Martin), Amerika (Dowler),
Frankreich (Mutel) und Deutschland ziemlich allgemein Eingang
gefunden, nur gingen die Meinungen über die Ursachen dieser Lungen-
Apoplexie*) weit auseinander, und je weniger die pathologische

---

*) Die „Lungen-Apoplexie" der damaligen Zeit war selbstverständlich keine

Anatomie über das eigentliche Wesen derselben Aufchluss zu geben vermochte, desto üppiger begannen die Theorien in die Höhe zu schiessen. Einzelne Autoren glaubten die Ursache dieser Apoplexieen in einer mechanischen Behinderung der Athmung suchen zu müssen (Rieke*), Hill und Michaelis), während Andere z. B. Eisenmann eine Lähmung der respiratorischen Nerven annahmen.

In der Mitte der 50er Jahre stellte dann Plagge seine Lehre von der „apoplexsia nervosa" auf, die auch fast allgemein acceptirt wurde.

Aber auch diese Annahme erwies sich als hinfällig und an Stelle der apoplexia nervosa trat die Lehre von der Herzparalyse. Bereits Ende der 50er Jahre machten Morehead, Levick und Crawford auf die hohe Temperatur des Blutes**) und die dadurch bedingten functionellen Störungen im Nervensystem aufmerksam, und Ende der 60er bezw. Anfang der 70er Jahre leiteten Johnson, Jones und Thin die Lähmung des gesammten Nervensystems resp. bestimmter Centren von der abnorm hohen Bluttemperatur ab.

Gleichzeitig versuchte sich in jener Zeit eine zweite Ansicht Geltung zu verschaffen, nämlich die von den quantitativen und qualitativen Veränderungen des Blutes. So legte z. B. Smart (1865) den Schwerpunkt auf die, durch den Wasserverlust bedingte, Eindickung und die daraus resultirenden Störungen im Kreislaufe, Obernier auf die Vermehrung des Harnstoffes im Blute (Uraemie), und Passauer glaubte sogar eine acute Infection durch ein Miasma annehmen zu müssen.

Alle diese Theorieen vermochten indess keine allgemeinere Aufnahme zu finden, bis schliesslich Stiles (1864), Walther (1866), Vallin (1868) und Claude Bernhard (1871) auf ex-

---

Apoplexie in dem heutigen Sinne des Worts, sondern nur eine hochgradige Hyperaemie.

*) Das Wort „Hitzschlag" findet sich, so viel mir bekannt ist, zuerst bei Rieke; wie wenig gang und gäbe dieser Ausdruck damals war, geht daraus hervor, dass sich Plagge dabei mit einem „sit venia verbo!" entschuldigt.

**) Auch Dowler betont schon (1842) die hohe Körperwärme ohne ihr jedoch eine besondere Bedeutung beizumessen.

perimentellem Wege nachwiesen, dass bei Einwirkung abnorm
hoher Wärmegrade auf den thierischen Körper Wärmestarre des
Herzmuskels eintrete. Zwar legte keiner der genannten Forscher,
Claude Bernard vielleicht ausgenommen, diesem Befunde die-
jenige Wichtigkeit bei, welche derselbe nach meiner Auffassung
verdient: trotzdem bleibt ihnen das unbestreitbare Verdienst, zur
Lösung dieser verwickelten Frage wesentlich mit beigetragen zu
haben.

III. Geographische Verbreitung.

Es ist zur Zeit noch ziemlich schwierig, einen vollständigen Ueberblick über die Verbreitung des Sonnenstichs und Hitzschlags zu gewinnen, da die Mehrzahl der einschläglichen Arbeiten sich entweder auf vereinzelte casuistische Mittheilungen beschränkt oder nur unbestimmte Angaben über Häufigkeit und Ausbreitung dieser Krankheiten enthält. Das beste statistisch verwendbare Material liefern die englichen Armee- und Marine-Berichte, die denn auch neben der Arbeit von Hirsch dem nachfolgenden Abschnitte hauptsächlich zu Grunde gelegt sind.

In Europa und speciell in Deutschland tritt Sonnenstich nur selten und meist vereinzelt auf; allerdings wird auch von einzelnen Epidemieen berichtet, doch haben dieselben niemals eine grössere Ausbreitung erlangt. So ereigneten sich 1819 mehrere Fälle bei Frankfurt a/M. (Steinkühl), 1845 verschiedene Erkrankungen in Würtemberg (Schott), und 1847 wurde ein epidemisches Auftreten des Sonnenstichs in mehreren Dörfern bei Jena beobachtet (Siebert). Verhältnissmässig häufig tritt dagegen der Hitzschlag auf, wie eines Theils die im vorigen Kapitel angeführten Unglücksfälle beweisen, anderen Theils die nachfolgende Zusammenstellung aus den statistischen Sanitätsberichten für das deutsche Heer ergiebt:

Jahr	Garde-Corps	I. Armee-Corps	II. Armee-Corps	III. Armee-Corps	IV. Armee-Corps	V. Armee-Corps	VI. Armee-Corps	VII. Armee-Corps	VIII. Armee-Corps	IX. Armee-Corps	X. Armee-Corps	XI. Armee-Corps	XII. Armee-Corps	XIII. Armee-Corps	XIV. Armee-Corps	XV. Armee-Corps	Sum. der Erkrankg.	Sum. der Todesfälle	Kopfstärke
1867	—	—	—	—	3	1 (1)	1 (1)	2 (1)	2	2 (1)	3 (1)	1 (1)						15	6	253.230*)
1868	2	4 (3)	17 (7)	4 (4)	11 (6)	12 (6)	3 (1)	3 (2)	4 (2)	17 (2)	9 (4)	1 (1)						87	38	250.376
1869	3	—	2 (2)	7	13	5 (1)	—	1 (1)	5	—	1	2 (2)						39	6	248.746
1870 (1. Januar bis 31. Juni)	1	—	—	2	1	1	—	—	—	—	—	—						5	—	} 267.673**)
1871 (1. Juli bis 31. Dec.)	—	—	—	—	1	—	—	—	1	—	—	—			1 (1)			3	1	
1872	3	—	2 (2)	1 (1)	1 (1)	3 (2)	3	—	1	—	1	3 (3)	23 (5)	6 (1)	1	9 (2)		57	17	283.235
1873 (1. Januar bis 31. März)	—	—	—	—	—	—	—	—	—	—	—	—						—	—	(298.689)
1873 74 (1. April bis 31. März)	5	—	4	1	4	6	3	3 (1)	1	1	5 (1)	8	9 (1)	6	—	3 (1)		59	4	320.690
Summa	14	4 (3)	25 (9)	15 (7)	34 (7)	28 (10)	10 (2)	9 (5)	14 (2)	20 (3)	19 (6)	15 (7)	32 (6)	12 (1)	1	13 (4)		265	72	1.623.950

In Summa kamen somit in den Jahren 1867—1844 265 Erkrankungen an Hitzschlag vor, was bei einer Kopfstärke von 1.623.950 Mann eine Morbidität von 0,16 pro mille ergiebt.

Ueber die Verbreitung des Hitzschlags in der oesterreichungarischen Monarchie ist, abgesehen von den im vorigen Kapitel aufgeführten Unglücksfällen, noch nachträglich zu erwähnen,

---

*) Die eingeklammerten Zahlen bedeuten Todesfälle.
**) Mittel aus 267.873 (I. Sem. 1870) u. 267.474 (II. Sem. 1871).

dass im Feldzuge 1839 zahlreiche Erkrankungen in Dalmatien beobachtet wurden (Joachim), und dass sich im Jahre 1877 einige 30 Erkrankungen mit 6 Todesfällen beim 49. Infanterie-Regiment in der Nähe von St. Pölten (Nieder-Oesterreich) ereigneten. Die statistischen Jahrbücher für die oesterreichische Armee, welche allerdings nur die in den Spitälern Behandelten umfassen, führen unter der Rubrik „Sonnenstich" auf:

1870	5 Erkrankungen mit	—	Todesfällen bei	254.639 M.	Kopfstärke
1871	16 „	—	„	241.976	„
1872	3 „	—	„	241.319	„ *)
1873	16 „	—	„	240.662	„
1874	19 „	1	„	252.586	„
1875	22 „	—	„	256.133	„

in Summa mithin 81 Erkrankungen bei einer Kopfstärke von rund 1.287.000 Mann (= 0,06 $^0/_{000}$).

Aus Frankreich sind meines Wissens nur zwei Sonnenstich-Epidemieen bekannt geworden, von denen die eine Henry im Mai 1848 zu Arnaville (Dép. de la Meurthe) unter Schaafwäscherinnen, die andere Duclaux 1859 im Arondissement Ville-Franche (Dép. Haute-Garonne) unter Ernte-Arbeitern beobachtete. Ueber die Häufigkeit des Hitzschlags im französischen Heere geben die officiellen Krankenrapporte leider keine Auskunft, doch ist aus den gelegentlich ins Ausland dringenden Nachrichten zu entnehmen, dass dort Hitzschlag nicht gerade selten sei. So ereigneten sich z. B. am 1. Juli 1877 19 Fälle bei Gelegenheit der grossen Truppen-Revue zu Longchamps (Brodin), und im folgenden Sommer erkrankten bei einem Uebungsmarsche des 140. Linien-Regiments von Lyon nach Heyrieu gegen 200 Mann an Hitzschlag, von denen 4 starben**).

Aus Belgien fehlt, abgesehen von der bereits auf S. 15 erwähnten Catastrophe, jede Nachricht, und auch die Sanitätsberichte enthalten keinerlei Angaben über die Verbreitung des Hitzschlags in der Armee.

Verhältnissmässig häufig scheint Sonnenstich in England auf-

---

*) Für 1872 wurde, da die Kopfstärke sich nirgends findet, 241.319 als Mittel aus den Angaben für 1871 und 1873 angenommen.

**) „Die Post" vom 5. Sept. 1878.

zutreten, denn nach den Angaben von Moseley wurden am
8. Juli 1807 eine Menge Menschen und Thiere durch die Hitze
getödtet, und am 6. Juli 1855 kamen in der Grafschaft Middlesex
ebenfalls mehrere Todesfälle durch Sonnenstich unter Feldarbeitern
vor*). Ferner berichtet Wrench von einer Anzahl Erkrankungen,
welche sich im Sommer 1868 ereigneten, Andrew, Sieveking,
Symons und Jones über solche aus dem Jahre 1870, Macdonald und Clapham über Fälle aus den Jahren 1871 und 1872:
kurz fast jeder der letzten Jahrgänge der Lancet zählt eine Reihe
von Erkrankungen an Sonnenstich auf. Ueber die Häufigkeit
der Krankheit unter den Truppen giebt die nachfolgende Tabelle
Aufschluss:

Jahr:	Erkran-kungen	Todesfälle	Kopfstärke
1859	8	1	70.204
1860	7	—	83.386
1861	5	2	81.500
1862	3	—	76.029
1863	2	—	70.819
1864	3	—	63.153
1865	6	1	62.911
1866	1	—	59 758
1867	2	—	62.901
1868	13	1	68.450
1869	11	—	68.962
1870	21	2	70.131
1871	5	—	87.142
1872	6	—	85.722
1873''')	13	—	77.530
Summa:	106	7	1.088.598

*) The Lancet 1855, II. 38.
**) Diese, sowie alle übrigen Angaben des Army med. report beziehen sich
nur auf die in Hospitälern Behandelten.
***) Die folgenden Jahrgänge sind für die Statistik des Sonnenstichs nicht
mehr verwendbar.

Die Morbiditätsziffer für die einheimische Armee beträgt somit 0,09 pro mille*).

In Spanien ist nach Murray — über Portugal fehlt wiederum jegliche Mittheilung — Sonnenstich ebenfalls ziemlich verbreitet, was schon daraus hervorgeht, dass die Spanier eine besondere Bezeichnung „Calentura" dafür besitzen. Coste, welcher 1823 die französiche Armee nach Spanien begleitete, scheint Fälle von eigentlichem Sonnnenstich nicht gesehen zu haben, denn er erwähnt die Krankheit nur ganz beiläufig. „On a beaucoup parlé" schreibt er, „des effets du solano, vent du sud-sud-est, qui souffle de l'Afrique sur l'Andalousie: il ne s'est point fait sentir, du moins avec force, pendant le séjour de l'armée.... Les médecins du pays," fährt er dann weiterhin fort, „ne confirment point ce que rapportent les voyageurs des phrenésies, des assassinats, des suicides causés par les impressions du solano —"**). Statistische Angaben über Häufigkeit fehlen gänzlich, denn die englischen Berichte aus Gibraltar dürften doch nicht als massgebend für das gesammte Land betrachtet werden. Nach diesen Rapporten kamen von 1859 bis 1873 (incl.) bei der 72.842 Mann starken Besatzung dieser Festung 8 Erkrankungen (= 0,11°/₀₀₀) an Sonnenstich vor.

In Italien scheint Sonnenstich gleichfalls häufig zu sein. Ziermann beobachtete 1808 zahlreiche Fälle davon unter den englischen Truppen auf Sicilien, nach Ricke kamen im Juli 1853 innerhalb 3 Tage 8 Todesfälle unter Schnittern in der Umgegend von Rom vor und nach den Angaben des Repertorio di Turino vom Jahre 1825 ereigneten sich im Juli und August genannten Jahres mehrere Fälle bei Bauhandwerkern, die während der Mittagszeit ihre Arbeit nicht eingestellt hatten. Ebenfalls ziemlich zahlreich sind die Nachrichten über das Vorkommen von Hitzschlag, denn ausser den auf S. 11 und 12 erwähnten Ereignissen und der auf S. 15 mitgetheilten Catastrophe am Mincio ist noch der Uebergang der östereichischen Armee über die Etsch im Jahre 1859

---

*) Die in den Armee-Berichten als „sun-stroke" verzeichneten Erkrankunkungen scheinen fast sämmtlich Fälle von Sonnenstich zu sein.

**) S. 55.

anzuführen, bei welchem nach Michaelis von einer Brigade in kurzer
Zeit nicht weniger als 150 Mann „asphyctisch" niederstürzten.*)

Ueber Griechenland fehlt, wenn wir von den englischen
Rapporten über die ionischen Inseln absehen, jegliche Mittheilung.
Nach diesen Berichten gelangten innerhalb der Jahre 1816 bis
1846 bei der etwa 30.000 Mann starken Besatzung 4 Fälle (0,13 p. m.),
und von 1859 bis 1864, bei einer Kopfstärke von 21.124 Mann,
nur 2 Fälle von Sonnenstich (0,09 p. m.) in den Hospitälern zur
Aufnahme. In den Donauländern soll Sonnenstich ziemlich
häufig sein (Rigler), und nach den auf S. 15 geschilderten Ereignissen
in der Dobrutscha und Wallachei zu schliessen, dürfte dort Hitzschlag gleichfalls nicht selten auftreten.

Ueber Russland existirt wiederum nicht eine einzige Nachricht, doch ist immerhin anzunehmen, dass in den südlicheren Gou-
vernements sowohl Hitzschlag als Sonnenstich vorkommen**). Auf
Malta, dem südlichen Punkte Europas, tritt Sonnenstich anscheinend ziemlich häufig auf, denn von den 80.018 Mann Besatzung
erkrankten in den Jahren 1859—1873 nicht weniger als 20 Mann,
was einer Morbiditätsziffer von 0,25 p. m. entspricht***). Noch
ungünstiger lauten die englischen Marine-Berichte von der Mittel-
meer-Station (0,54 Erkrankungen p. m.), indessen sind hier
eine Reihe von Factoren mit in Rechnung zu ziehen, welche
die Entstehung des Hitzschlags auf Schiffen besonders begün-
stigen†).

Was Klein-Asien und die asiatischen Küstenstaaten
des mittelländischen Meeres anbelangt, so erwähnt Hirtzius
das Vorkommen des Sonnenstichs in Transkaukasien, und nach
Robertson wird in Syrien die Krankheit ebenfalls mehrfach bei

---

*) Mit Ausnahme eines Einzigen erholten sich sämmtliche Erkrankte in
kurzer Frist.

**) Weder die englischen, noch die französichen Sanitätsberichte erwähnen
das Vorkommen beider Krankheiten während des Krimkrieges, und ebensowenig
enthalten die russischen statistischen Rapporte Angaben über die Verbreitung
in der Armee.

***) Die aus Eingeborenen bestehenden Truppen sind bei dieser Berechnung
ausgeschlossen.

†) Die „statisticals reports of the health of navy" beginnen mit dem
Jahre 1858, sind jedoch erst vom Jahre 1867 ab — Jahrgang 1874 war mir
leider nicht zugänglich — für die Hitzschlag-Frage zu verwerthen.

Reisenden beobachtet. Welche Verbreitung der Hitzschlag unter Umständen in jenen Gegenden gewinnen kann, das beweisen die enormen Verluste der Kreuzfahrer (vgl. S. 12) und die Berichte Larrey's aus der Zeit der napoleonischen Feldzüge.

Gehen wir nun zu dem ältesten Culturlande Afrika's, zu Aegypten über, so begegnen wir bereits in den Ueberlieferungen über alt-aegyptische Bauten mehrfachen Andeutungen über das Auftreten von Sonnenstich, und noch heutzutage ist nach Hartmann die Krankheit in dem Nilthale ausserordentlich verbreitet. Besonders haben die von Suez und Kenneh die lybische Wüste durchziehenden Caravanen*) von Sonnenstich und Hitzschlag zu leiden, und ebenso sind beide Krankheiten in Algier ausserordentlich häufig. So wurden nach Laveran im Jahre 1834 eine grosse Anzahl Soldaten des 13. Linien-Regiments vom Hitzschlag befallen, ferner erkrankten im Jahre 1838 bei der Expedition des Marschall Bugeaud gegen Oran innerhalb weniger Stunden ca. 200 Mann (Delacoux), und nach der Niederlage Abd-el-Kaders bei Smala (1843) erlitten die Araber auf ihrem Rückzuge bedeutende Verluste durch Hitzschlag. „A chaque gîte, dirent les Arabes, nous laissions un petit cimetière,“ eine Thatsache, welche um so bemerkenswerther ist, als die Eingeborenen im Allgemeinen eine grössere Immunität gegen Hitzschlag besitzen**).

Ueber das Innere Afrika's ist so gut wie gar Nichts bekannt. Russegger erwähnt zwar die Häufigkeit des Sonnenstichs unter der Bevölkerung Sudans, doch bezweifelt Hirsch — die Arbeit Russegger's ist mir leider nicht im Originale zugänglich — dass diese Angaben wirklich auf Sonnenstich zu beziehen seien. Ebenso fraglich könnte es erscheinen, ob die zahllosen, durch den glühenden Wüstenwind (Samum, Kansim) bedingten Todesfälle in der Sahara als Hitzschlag aufzufassen seien, wenngleich ich für meine Person, und zwar auf Grund der Larrey'schen Schilderungen, diese Frage entschieden bejahen möchte.

---

*) Vgl. Larrey's Bericht über den Marsch Napoleon's.

**) Beiläufig gesagt, bezweifle ich, dass haemorrhagische Hirnleiden in Algier selten seien (Haspel), da nach dem Journal médicale militaire (Tome 52) im Jahre 1840, als die Truppen in Zelten untergebracht waren und viel von der Sonnenhitze zu leiden hatten, mehrere Leute an Apoplexie zu Grunde gingen.

An der West-Küste Afrika's, in Senegambien, Ober- und
Unter-Guinea, sind beide Krankheiten trotz der äquatorialen
Lage dieser Länder relativ selten (Clarke, Thevenot, Dutrouleau), und unter der, aus 15.574 Eingeborenen bestehenden Besatzung von Gambia, Sierra Leone und der Goldküste finden sich
in den Jahren 1857 bis 1863 nur 10 Fälle (= 0,64 p. m.) verzeichnet*).

Auch an der Loango-Küste kam nach den mündlichen Mittheilungen Falkenstein's während eines $2^1{}_2$jährigen Zeitraumes
kein einziger Fall von Sonnenstich oder Hitzschlag unter den Eingeborenen vor, welcher Umstand nach Falkenstein seine Erklärung in der sorgfältigen Pflege und energischen Thätigkeit der
Haut findet. Auf den, an der Westküste gelegenen Inseln Ascension und St. Helena scheinen beide Krankheiten nur ausnahmsweise vorzukommen, wenigstens habe ich für beide Eilande nur je
einen Fall ausfindig machen können. Der eine ereignete sich auf
Ascension im Jahre 1873 bei einem Matrosen des englischen Schiffes
„Flora"**), der andere kam während der Jahre 1859—1868 unter
der 5.016 Mann starken Besatzung St. Helena's vor***).

Was das Capland anbelangt, so kann ich mich der Angabe
von Hirsch, dass dort Sonnenstich sehr selten sei, nicht an-
schliessen, denn einerseits erklärt Barcley selbst, dass er mehrere
Fälle am Fischflusse gesehen habe, andererseits führen die englischen Kranken-Rapporte aus den Jahren 1859—1868 bei der
42.369 Mann starken Besatzung 21 Fälle auf, was immerhin einer
Morbidität von 0,49 p. m. entspricht†).

Von der Ostküste Afrika's, d. h. vom Feststande selbst,
liegen keinerlei Nachrichten vor, dagegen tritt nach Allan der
Sonnenstich wiederum häufig auf den dortigen Inseln auf. So kamen auf Mauritius in den Jahren 1824 und 1825 zahlreiche Erkrankungen vor (Hirsch), und die englischen Rapporte von 1859

---

*) Die Rapporte von 1819—1836 führen keine einzige Erkrankung auf.

**) Engl. Marine-Bericht von 1873, S. 217.

***) In den nachfolgenden Jahrgängen sind die Berichte vom Cap und
St. Helena nicht mehr getrennt.

†) Die Marine-Rapporte von 1868—1876 (exl. 1874) geben für die
Station „Westküste von Afrika und Cap der guten Hoffnung" 2,87 (!)
p. m. an.

bis 1873 führen bei einer Truppenstärke von 19.791 Mann 7 Fälle
(= 0,35 p. m.) auf. Vereinzelte Erkrankungen werden ausserdem
noch von Zanzibar und den Seychellen gemeldet*). Ganz auffallend häufig sind Erkrankungen an Hitzschlag auf den das rothe
Meer passirenden Schiffen; so kamen im Juli 1862 eine Anzahl
von Erkrankungen mit vier Todesfällen auf dem französischen
Transportdampfer „Garonne" vor (Texier), 1871 3 Fälle auf dem
„Iron Duke"**), 1874 2 Fälle auf der „Ariadne", 1875 3 Fälle
auf dem „Cyclop" und 1876 4 Fälle auf dem „Nautilus"***).

Geradezu gefürchtet in dieser Beziehung ist der Meerbusen
von Aden und der persische Golf. Im ersteren ereigneten
sich im Jahre 1867, zur Zeit der englischen Expedition gegen
Abyssinien, zahlreiche Erkrankungen an Hitzschlag mit 8 Todesfällen in der Annesley Bay, 1869 5 Fälle auf dem „Forte" in
Aden und 4 auf der „Dryad"†): in letzterem verlor im Jahre 1821
die englische Fregatte „Liverpool" auf der Fahrt von Muscat nach
Bushire an einem einzigen Tage 3 Officiere und 30 Mann (Well-
stedt), und in der Zeit vom 24. Juli bis 29. August 1871, als
die „Magpie" an der Südküste dieses Golfes stationirt war, gelangten nicht weniger als 62 Fälle (= 9,8 pC.) zur Behand-
lung††).

Ganz ähnlich erging es der „Daphne" im Juni und Juli 1875,
auf welcher einst, ganz abgesehen von anderen Erkrankungen, die
gesammte Mannschaft einer Pinasse vom Hitzschlag befallen wurde.
Ausserdem sind noch vereinzelte Fälle zu erwähnen, welche sich
im Jahre 1876 auf dem „Arab" zu Muscat und auf der „Vestal"
zu Bushire ereigneten†††).

In Vorder-Indien tritt Sonnenstich und Hitzschlag ganz
ausserordentlich häufig auf, wie die nachfolgende Zusammenstellung
ergiebt:

---

*) Engl. Mar.-Ber. von 1873, S. 256.
**) Ibidem 1871, S. 338.
***) Stat. Sanit.-Ber. über d. K. deutsche Mar. für 1874/75 S. 87, 1875/76
S. 26 und 1876/77 S. 30.
†) Engl. Mar.-Ber. von 1869, S. 247.
††) Ibid. 1871, S. 237.
†††) Engl. Mar.-Ber. von 1875 resp. 1876.

Jahr	Kopf-stärke	Er-krankt	Gestor-ben	Ander-weitig abge-gangen	Bemerkungen
1861	57.082	35	9	—	
1862	63.713	95	30	1	
1863	67.525	128	30	2	
1864	65.102	124	43	1	
1865	62.589	304	136	12	
1866	58.901	132	72	12	
1867	56.896	236	90	18	
1868	52.887	326	112	13	
1869	55.988	312	130	17	
1870	54.583*)	133	67	11	*) Ausschliesslich 797 Mann d. 1ten
1871	56.974	100	32	5	Batt. u. d. 21. Inf.-Reg.
1872	59.248	202	82	5	
1873	59.327	171	57	9	
	770.815	2.298	890	106 *)	*) Davon 90 Mann als invalide.

Diese Zahlen vertheilen sich auf die 3 Präsidentschaften in folgender Weise:

Präsidentschaft	Kopfstärke	Anzahl der Erkrankungen	In °/₀₀₀ d. Kopfstärke
I. Bengal	473.229	1527	3,19
II. Madras	148.188	363	2,45
III. Bombay	144.398	408	2,83
	770.815	2.298	2,98

Danach zu urtheilen, ist die Ostküste (Coromandel) verhältniss-mässig am wenigsten heimgesucht, während zwischen den beiden andern Provinzen ein wesentlicher Unterschied nicht besteht. Alle diese Angaben repräsentiren jedoch, wie schon früher erwähnt

wurde, nur die in den Hospitälern Behandelten, so dass also die
ausserhalb der Lazarethe Erkrankten hierbei nicht in Rechnung
gezogen sind.

Die Anzahl der letzteren ist indessen gar nicht gering, denn
in der Präsidentschaft Bengal kamen z. B. im Jahre 1867 bei
einem Truppenbestande von 34.237 Mann im Ganzen 214 Erkrankungen (darunter 86 Todesfälle) $=6,25^0{}_{000}$ vor, während die Hos-
pitalberichte nur 188 (mit 71 Todesfällen) $=5,49$ p. m. anführen,
eine Morbiditätsziffer, welche die von Gordon berechnete (4,90
pro mille et anno) noch erheblich übersteigt.*) Ungleich viel seltener als in Vorderindien treten beide Krankheiten in Ceylon
auf, wo innerhalb der Jahre 1867—1873 unter der 30.797 Mann
starken Besatzung nur 16 Fälle, darunter 2 tödlich verlaufende,
zur Behandlung gelangten, was eine Erkrankungsziffer von 0,51 p. m.
ergiebt. Auffallend ist noch hierbei, dass 15 von diesen Erkrankungen Europäer (13.052 Mann) und nur 1 einen Indier betrafen**).

Ueber Hinter-Indien legen nur dürftige Nachrichten vor;
Martin erwähnt das Vorherrschen des Hitzschlags unter den Eingeborenen (Sepoys) im ersten Birmanenkriege, Mc. Leod erklärt
aus Singhapur: „Europeans now and then fall victims to coup-de-
soleil from imprudence“, Heymann bezeichnet die Krankheit als
im Ganzen selten im indischen Archipel, und selbst in den englischen
Marine-Berichten ist nur ein einziger Fall verzeichnet, welcher sich
im Jahre 1869 zu Manila ereignete.

Ueber China geben, abgesehen von den Mittheilungen Frie-
dels aus Tient-sin und Shangai, wiederum die statistischen Berichte der englischen Armee und Marine Auskunft. Die letzteren
weisen für die chinesische Station während der Jahre 1867—1876
(excl. 1874) eine Erkrankungsziffer von 4,05%/₀₀₀ (108 Fälle, darunter 3 tödlich verlaufende) auf, und nach den erstern berechnen
sich die Erkrankungen in den Jahren 1859—1873 für das süd-

---

*) Die englischen Marine-Berichte geben für die indische Station in den
Jahren 1869—1876 (excl. 1874) sogar 12,15%/₀₀₀ an.
**) In den Marine-Berichten von 1870 und 1875 finden sich ausserdem
6 Fälle erwähnt, welche sich auf der „Dryad“ und dem „Undaunted“ zu Trin-
comale ereigneten.

liche China (Hongkong und Shangai) auf 1,85 p. m. (39.837 Mann
mit 75 Krankheits- und 22 Todesfällen). Besonders verderblich
für die engliche Armee zeigte sich der Krieg von 1860/61 in Nord-
China (Tient-sin und Umgegend), wo die Erkrankungsziffer die
Höhe von 6,51 %/₀₀₀ erreichte (11,054 Mann mit 72 Erkrankungen
und 20 Todesfällen). Auch in Japan scheint Hitzschlag nicht
ganz selten zu sein, denn die englischen Armee-Berichte aus Yoko-
hama, welche die Jahre 1864—1873 umfassen, führen bei einer
Kopfstärke von 5.543 Mann 3 Fälle = 0,54 %/₀₀₀ an, und die
Marine-Rapporte erwähnen gleichfalls einen Fall, welcher sich 1876
zu Nangasaki unter der Besatzung des „Topaze" ereignete.

Auf dem australischen Festlande und der Insel Tasmania
tritt Sonnenstich entschieden selten auf, denn im Laufe von 11 Jahren (1859—1869) wurde bei der 11.277 Mann starken Besatzung
nur 1 Fall beobachtet, und auch die Marine-Berichte von 1867 bis
1876 erwähnen gleichfalls nur eine einzige Erkrankung, welche
sich 1869 zu Sydney an Bord des „Challenger" ereignete. Etwas
häufiger scheint die Krankheit auf Neu-Seeland zu sein, wo in
den Jahren 1867—1873, bei einer Truppenstärke von 46.845 Mann,
6 Erkrankungen mit 3 Todesfällen vorkamen, was einer Morbidität von 0,27 p. m. entspricht. Von den übrigen Inseln des stillen
Oceans fehlt jegliche Nachricht, ausgenommen die Neuen Hebriden,
auf welchen im Jahre 1873 2 Fälle unter der Besatzung der
„Blanche" beobachtet wurden. Die Erkrankungen bei der Marine
sind auf der australischen Station wiederum erheblich höher als
bei der Land-Armee und ergeben für die Jahre 1867—1876 (excl.
1874) eine Morbiditätsziffer von 2,57 p. m. (21 Erkrankungen mit
1 Todesfall).

Auf der westlichen Hemisphäre sind beide Krankheiten
im Grossen und Ganzen viel weniger verbreitet als auf der östlichen; besonders scheint die ganze Küste des stillen Welt-
meeres eine gewisse Immunität zu besitzen, denn die englischen
Marine-Berichte von 1867—1876 (excl. 1874) führen nur eine
Morbidität von 0,44 %/₀₀₀ p. m. an (9 Erkrankungen ohne Todesfall).
Ebenso selten treten beide Krankheiten nach Blake und Gibsons
in Californien auf, häufiger dagegen in Peru (Tschudi) und
an den Küsten des atlantischen Oceans, in Buenos-Ayres

(Brunel), in Brasilien (Ségond, Jobim und Mantegazza) und in Guyana (Laure)*). In Centralamerika ist Sonnenstich entschieden selten, da Lidell unter den Tausenden beim Bau der Panama-Eisenbahn beschäftigten Arbeitern nur 2 Fälle gesehen haben will, dagegen fordert die Krankheit wiederum zahlreiche Opfer an den Küstenstaaten des mexicanischen Meerbusens. So berichtet Delacoux, dass beim Bau der Eisenbahn nach Veracruz Tausende (? Verf.) von Arbeitern an Sonnenstich zu Grunde gingen, und dass auf der Insel Carmen, dem Ladeplatze für Kampeche-Holz, einmal 7 Fahrzeuge binnen wenigen Wochen den grössten Theil ihrer Mannschaften an coup de chaleur verloren haben. Für Honduras (Belize) ergeben die englischen Armeeberichte von 1859—1873 die Morbidität von 0,74 p. m. (3 Erkrankungen mit 1 Todesfall bei 4.045 Mann farbiger Truppen), während die Jahresberichte von 1822—1836, bei einer Truppenstärke von 320 Weissen und 4.356 Schwarzen, keine einzige Erkrankung an Sonnenstich anführen. Auf den Antillen ist, trotz des tropischen Klimas Sonnenstich selten, denn Hunter erwähnt sein Vorkommen gar nicht, und auf Jamaika betrug die Erkrankungsziffer in den Jahren 1817—1836**) nur 0,10 und für 1859 bis 1873***) 0,23 pro mille. Auf Cuba soll nach Oliver — über Hayti und Porto Rico fehlt jede Angabe — Sonnenstich nicht selten sein, da genannter Autor im Mai und Juni 1821 mehrfache Erkrankungen daran beobachtete. Auf den kleinen Antillen, auf Barbados, St. Lucia, St. Vincent und St. Trinidad tritt Sonnenstich noch seltner als auf den grossen auf, denn in den vorhin erwähnten Zeiträumen stieg die Erkrankungsziffer nicht höher als

---

*) In den Jahren 1859—1863 (incl.) kam bei der aus 733 Weissen und 1.448 Schwarzen bestehenden Besatzung nur 1 Fall von Sonnenstich vor, und in den Jahresberichten von 1817—1836 findet sich bei einer Kopfstärke von 17.689 Weissen und 3.300 Farbigen keine einzige Erkrankung an Sonnenstich, dagegen 31 an apoplexia cerebri verzeichnet. Es ist daher gar nicht unwahrscheinlich, dass ein Theil dieser unter „Apoplexie" rubricirten Todesfälle als Sonnenstich aufzufassen ist.

**) 51.567 Mann weisse Truppen mit 6 Erkrankungen und keinem Todesfalle und 5.729 Mann schwarze Truppen ohne Krankheitsfall.

***) 11.346 Mann weisse Truppen mit 4 Erkrankungen und 1 Todesfall und 10.142 Mann schwarze Truppen mit 1 Todesfalle.

auf 0,08 resp. 0,15 pro mille.*) Im Anschlusse hieran ist noch
die Gruppe der Bahama- und Bermuda-Inseln zu erwähnen.
Auf den ersteren bezw. auf New-Providence kam in den Jahren
1817—1836 und 1859—1873 bei einer Truppenstärke von 7.637
resp. 11.688 Mann kein einziger Fall von Sonnenstich vor, dagegen erkrankten auf den letzteren innerhalb des erwähnten 15jäh-
rigen Zeitraumes 0,76 p. m. (21.237 Mann Besatzung mit 15 Erkrankungen und 3 Todesfällen).

In den Vereinigten Staaten, und zwar sowohl an der Küste
als auch im Innern, erreicht in einzelnen heissen Sommern die Zahl
der an Sonnenstich und Hitzschlag Verstorbenen eine ganz enorme
Höhe. Dowler theilt z. B. mit, dass am 23. Juli 1845 in New-
Orleans bei einer Hitze von 40,2—64,9 ° in der Sonne 15 Personen
starben, Lente, dass im Jahre 1847 in New-York innerhalb 4 Tage
37 Fälle mit meist tödtlichem Ausgange vorkamen, Meissner,
dass im Sommer 1868 an einem einzigen Tage in den Strassen
von New-York gegen 30 Personen und mehr als 100 Pferde vom
Hitzschlag befallen wurden, ja Handfield Jones berechnet die
Zahl der im Laufe des genannten Sommers vom Sonnenstich und
Hitzschlag Getroffenen für New-York allein auf 833. Geradezu
erschreckend ist die Zahl der Opfer, welche der ungewöhnlich heisse
Juli des Jahres 1878 in den mittleren Unionsstaaten forderte. In
St. Louis kamen vom 9—11ten Juli 7, am 12ten 10, am 13ten
22, am 14ten 41, am 15ten 33, am 16ten 24, am 17ten 18,
am 18ten 22, in Summa 179 Todesfälle an Sonnenstich und
Hitzschlag vor. Die Zahl der Erkrankten schwankte täglich zwischen 95 bis 260, und im Ganzen kamen in St. Louis allein gegen 1500 Fälle vor. „Die Stadt" schreibt der betreffende Berichterstatter, „bietet den Eindruck einer von Cholera heimgesuchten
Bürgerschaft. . . . Doch nicht nur in St. Louis, allenthalben in
diesen Gegenden wüthete der Tod. In Peoria (Ill.) . . . starben
an einem Tage 10, in Indianopolis (Ind.) 8 u. s. w. Im Ganzen
ist die Schätzung, dass in der Zeit vom 9. bis 20. Juli etwa
2000 Leute am Sonnenstich erkrankten, eher zu niedrig als zu

---

*) Von 1817—36: 86.661 Mann weisse Truppen m. 6 Erkr. u. — Todesfälle u.
40.934 „   schwarze „   „ 5 „   „ —   „   ,
„ 1859—73; 13.871 „   weisse „   „ 2 „   „ 1   „   u.
5.791 „   schwarze „   „ 1 „   „ —   „   .

hoch gegriffen, da die Landdistrikte nur unvollständige Berichte liefern"*). Was die Verbreitung der Krankheiten in der Unions-Armee anbelangt, so kamen in den Jahren 1840—1859 (incl.) bei einer Kopfstärke von 187.144 Mann 102 Erkrankungen (= 0,54 p. m.) mit 14 Todesfällen vor, während sich in den Jahren 1861 bis 1866 die Morbiditätsziffer bis auf 2,54 p. m. erhob**).

In Canada und Neu-Schottland sind beide Krankheiten ebenfalls nicht selten, denn Mitchell beobachtete im Jahre 1835 zahlreiche Fälle unter den Truppen am Champlain-See, und die Armee-Berichte von 1859—1873 führen bei einer Truppenstärke von 124.868 Mann immerhin 28 Erkrankungen (= 0,22 p. m.) mit 5 Todesfällen auf. Jenseits des 50° n. Br. scheint Sonnenstich und Hitzschlag nicht mehr aufzutreten, wenigstens ist auf Neu-Foundland während eines ganzen Decenniums (1859—1868) kein einziger Fall unter der 2.683 Köpfe zählenden Besatzung beobachtet worden.

Ueberblicken wir noch einmal das über die geographische Verbreitung des Sonnenstichs und Hitzschlags Gesagte, so ergiebt sich zunächst, dass beide Krankheiten am häufigsten, und wie die Statistik auch nachweist, am verderblichsten in den heissen Klimaten auftreten, dass sie mithin streng genommen tropische Krankheiten sind, welche ausserhalb dieser Gegenden nur dann vorkommen, „wenn", wie sich Hirsch ausdrückt, „die Witterungsverhältnisse den den Tropen eigenthümlichen Character angenommen haben". Ihre grösste Frequenz erreichen sie, wie sich schon a priori erwarten lässt, in den, unter dem Wärmeäquator***) gelegenen Ländern, doch kommen auch Ausnahmen von dieser Regel vor, da neben der Luft- resp. der directen Sonnenwärme noch eine Reihe anderer Momente eine wichtige Rolle bei ihrer Entstehung spielen. Je weiter man sich vom Wärmeäquator entfernt, desto seltener werden, ceteris paribus, beide Krankheiten, bis sie schliesslich in gewissen Breiten gänzlich verschwinden. Diese Grenze scheint auf der östlichen Halbkugel ungefähr bei $56\frac{1}{2}°$ n. Br. zu liegen,

---

*) Berliner Tageblatt vom 7. August 1878.

**) Vgl. S. 16.

***) Bekanntlich liegt der Wärmeäquator im Allgemeinen nördlich vom Erdgleicher und nur auf einer verhältnissmässig kurzen Strecke (ungefähr vom 100° oestl. B. bis zum 150° w. B.) südlich des letzteren.

wenigstens ist Horbye in Jütland der nördlichste Punkt, an welchem meines Wissens das Auftreten von Hitzschlag beobachtet wurde. Auf der westlichen Hemisphäre liegt diese Grenze beträchtlich tiefer d. h. schon ungefähr bei 50°, da auf Neu-Foundland beide Krankheiten anscheinend nicht mehr vorkommen. Wo in südlichen Breiten diese Grenzen zu suchen seien, lässt sich gegenwärtig nicht feststellen, da über Buenos-Ayres hinaus d. h. von Patagonien alle Nachrichten fehlen, und auf der östlichen Halbkugel sind Vandiemens- und Neu-Seeland (unter ca. 45° s. Br.) die am weitesten gegen den Südpol gelegenen Länder, aus welchen Berichte vorliegen.

Was schliesslich das Verhältniss zwischen Sonnenstich und Hitzschlag anbelangt, so tritt der Sonnenstich in den gemässigten Zonen ziemlich selten, Hitzschlag dagegen relativ häufig auf, weil bei seiner Entstehung ausser den Sonnenstrahlen noch eine zweite Wärmequelle, die Muskelthätigkeit von Bedeutung ist. In den subtropischen Ländern überwiegt im Allgemeinen die Insolationsform, und in den Tropen selbst kommt wiederum Sonnenstich verhältnissmässig selten vor, weil sich dort Niemand ohne die zwingendste Nothwendigkeit der Gefahr des Sonnenstichs auszusetzen pflegt. Dagegen tritt dort vorzugsweise eine dritte Form, der „Wärmeschlag" auf, welchen wir in den gemässigteren Klimaten gar nicht kennen, und dessen Entstehung ausschliesslich auf die Einwirkung extrem hoher Lufttemperaturen zurückzuführen ist.

IV. Pathologisch-anatomischer Befund.

A. Aeussere Besichtigung.

Die auffallendste Erscheinung bei den an Hitzschlag*) Verstorbenen ist der rasche Eintritt und rapide Verlauf des Verwesungs-Processes. Die Leichenstarre beginnt ungewöhnlich früh**), ist ausserordentlich hochgradig und währt — zuweilen trotz ziemlich weit vorgeschrittener Fäulniss — auffallend lange. In den meisten Fällen pflegt sich dieselbe an den unteren Extremitäten früher einzustellen, stärker ausgebildet zu sein und auch länger zu dauern als an den oberen, doch ist dieser Unterschied nur dann deutlich ausgesprochen, wenn, wie auf dem Marsche, die Muskulatur der unteren Gliedmassen stärker angestrengt wurde***). Die Todtenflecke erscheinen gleichfalls sehr früh und zeigen, je nach dem Stadium der Verwesung alle Farbenschattirungen vom zarten Rosenroth bis zum tiefen Blauroth†).

---

*) Ich habe bei dieser Beschreibung vorzugsweise den auf Märschen vorkommenden Hitzschlag im Auge und berücksichtige die anderen Formen nur in soweit, als dieselben wesentlich abweichende Befunde darbieten.

**) Wood sah dieselbe bereits 2 Stunden nach dem Tode eintreten, und zwar zu einer Zeit, wo ein in den Thorax eingesenktes Thermometer noch 41,8° C. zeigte.

***) Ob bei der in Indien vorherrschenden Krankheitsform die Todtenstarre wirklich weniger ausgeprägt ist, oder ob dies, wie Bonnymann glaubt, daran liegt, dass die Sectionen dort meist kurze Zeit nach dem Tode gemacht werden, muss ich dahingestellt sein lassen.

†) Levick sah einmal 13 Stunden nach dem Tode eine dunkelblau-rothe Verfärbung des Gesichts und eine vollständig schwarze Färbung der Unterlippe eintreten.

Ferner treten die bekannten schmutzig blaurothen Venenstreifen, die grünliche Verfärbung der Bauchdecken, die tympanitische Aufreibung des Unterleibes ganz ungewöhnlich früh auf, und ausserdem findet man ziemlich häufig ein mehr oder minder ausgebreitetes Haut-Emphysem. Aus Mund- und Nasenöffnung entleeren sich anfänglich schaumig-blutige, späterhin missfarbige und höchst übelriechende Flüssigkeiten. Alle diese Verwesungs-Erscheinungen treten, wie gesagt, so ungemein früh ein und machen so auffallend rasche Fortschritte, dass unter Umständen schon nach relativ kurzer Frist — bei Levick 10 Stunden nach dem Tode — eine Section nicht mehr möglich ist. Unzweifelhaft hängt dieser rasche Fäulniss-Process mit der extrem hohen Körperwärme und der postmortalen Temperatursteigerung zusammen, welche sich, besonders beim Hitzschlag, in der Mehrzahl der Fälle nachweisen lässt. So beobachtete Thompson 20 Minuten nach dem Tode eine Erhöhung der Temperatur um 1,21° (von 40,15 auf 41,36°), Taylor nach 10 Minuten eine Steigerung um 2,2° (von 39,6 auf 41,8*) und Levick giebt sogar 44,0° (112° F.) als postmortale Temperatur an.**).

Abgesehen von den vorhin erwähnten Verwesungs-Erscheinungen zeigt die Haut nur ausnahmsweise bemerkenswerthe Veränderungen. Hierher gehört die beim Sonnenstich vorkommende Abschilferung und Ablösung der Oberhaut an unbedeckt getragenen Hautstellen, ja in einzelnen Fällen findet sich selbst wirkliche Blasenbildung wie bei Verbrennungen zweiten Grades***). Austritt von Blut in das Cutis-Gewebe (Petecchien und Ecchymosen) kommen dagegen sehr selten vor, obwohl einzelne derartige Fälle von Steinkühl†), Brown und Wood beobachtet worden sind.

---

*) Dieselbe erhielt sich (bei 39,3° im Schatten) 14 Stunden lang auf gleicher Höhe. Auch Ullmann fand einmal die Leiche nach 15 Stunden noch warm.

**) Diese postmortale Temperatursteigerung hängt (nach Walther) von der, beim Gerinnen des Myosins frei werdenden Wärme ab.

***) Vgl. das in der Symptomatologie über die Haut Gesagte.

†) In dem einen Falle erreichten diese Ecchymosen die ungefähre Grösse eines 10 Pfennigstückes.

B. Innere Besichtigung.

a. Kopfhöhle.

Die Kopfhaut und die knöchernen Schädeldecken zeichnen sich durch ihren Blutreichthum aus, und nach Hinwegnahme der letzteren erscheint die dura mater meist prall gespannt, eine Erscheinung, die bekanntlich auf eine Volumen-Zunahme des Gehirns hindeutet. Die Sinus sind mit flüssigem, auffallend dunklen Blute gefüllt und enthalten keine Spur von Gerinnseln. Die grösseren Venen der harten und weichen Hirnhaut sind gleichfalls strotzend gefüllt, sodass sie als rundliche Stränge über das Niveau der Nachbarschaft hervorragen. Ganz ausnahmsweise ist diese Hyperaemie so hochgradig, dass sie zu capillären Haemorrhagieen (Arndt) oder zu grösseren intermeningealen Blutungen führt*). Veränderungen der dura mater selbst sind äusserst selten, dagegen finden sich ziemlich häufig Trübungen und Oedem der pia mater sowie Ansammlung von seröser Flüssigkeit in den subarachnoidalen Räumen.

Die Ventrikel enthalten in der Mehrzahl der Fälle grössere Mengen klaren Serums; die Gefässe der Tela chorioidea sind meist ziemlich stark gefüllt, das Ependym ist normal**) und nur ausnahmsweise (Köster) finden sich unter demselben vereinzelte kleine Ecchymosen.

Was die Veränderungen der Gehirnsubstanz selbst anbelangt, so stehen sich seit langer Zeit zwei Ansichten schroff gegenüber. Die Einen fanden eine normale Consistenz, zahlreiche Blutpunkte in der Rinden- und Marksubstanz, und eine mässige Ueberfüllung der grösseren Hirnhaut-Venen: die Anderen (und diese bilden die Mehrzahl) constatirten eine Abplattung der Gyri, ein Verstreichen der Sulci, eine Abnahme der Consistenz, eine feuchte glänzende Beschaffenheit der Schnittfläche, eine Verminderung, ja selbst ein vollständiges Fehlen der Blutpunkte bei gleichzeitiger hochgradiger Ueberfüllung der grossen Venen und Sinus.

---

*) So fand Schneider einmal zwei, symmetrisch über beiden hintern Grosshirnlappen gelegene, ungefähr 4,5 Centimeter im Durchmesser haltende haemorrhagische Schichten.

**) Obernier nennt dasselbe einmal „etwas sulzig".

Dort haben wir also eine mässige Hyperaemie, welche sich
bis auf die kleineren und kleinsten Gefässe erstreckt, hier eine
hochgradige Ueberfüllung der Sinus und der grössten Venenstämme,
während das Parenchym selbst anaemisch resp. oedematös ist. So
widersprechend nun die beiden Befunde auf den ersten Blick auch
erscheinen mögen, so repräsentiren sie doch nach meiner Ansicht
nur zwei graduell resp. zeitlich verschiedene Stadien ein und desselben Processes. Unzweifelhaft beginnt die Scene in beiden Fällen
mit einer venösen Hyperaemie, aber während diese sich dort innerhalb mässiger Grenzen hält, oder, wegen Eintritt des Todes, nicht
zur Entwicklung eines Oedems führt, erweisen sich hier die Circu-
lationsstörungen als so hochgradig und so nachhaltig, dass eine
seröse Durchtränkung der Gewebe nothwendigerweise eintreten
muss*). Mit dieser serösen Infiltration geht selbstverständlich eine
Abnahme der Blutfülle Hand in Hand, und so sehen wir mit der
progressiven Zunahme des Oedems das Blut allmählig aus den
kleinsten und kleineren Gefässen verdrängt werden, ein Vorgang,
welcher im Gehirn wegen der Unnachgiebigkeit der Schädelknochen
früher und deutlicher als in andern Organen ausgesprochen zu sein
pflegt. Wir finden deshalb in ausgesprochenen Fällen von Hitzschlag wenig oder gar keine Blutpunkte in der Gehirnsubstanz,
wir sehen ferner die kleineren Gefässe vollständig leer, während
die grösseren Venen zum Bersten gefüllt sind. Diese Differenz
erklärt sich dadurch, dass die letzteren in Folge ihrer Lage zwischen den Hirnwandungen vor Druck geschützt sind, ähnlich wie
die Sinus durch die Unnachgiebigkeit ihrer Wandungen gegen Compression gesichert sind.

Das Kleinhirn, die Brücke und das verlängerte Mark
zeigen analoge Befunde wie das Grosshirn, während das Rücken-
mark fast ausnahmslos eine deutlich ausgesprochene Hyperaemie
erkennen lässt.

Eine besondere Erwähnung verdient noch der Befund bei den
an Sonnenstich Verstorbenen. Ist hier der Tod in kurzer Zeit
d. h. im Verlaufe weniger Stunden eingetreten, so findet man

---

*) Nach neueren Anschauungen entsteht dies Oedem nicht durch vermehrte
Transsudation, sondern durch verminderte R'sorption seitens des Lymphgefäss-
systems, wodurch es zur Ansammlung von Lymphe in den perivasculären (His'-
schen) Räumen kömmt.

regelmässig eine hochgradige Ueberfüllung der Hirnhautvenen, welche
sich bis in die feinsten Gefässverzweigungen verfolgen und auf
Durchschnitten, besonders in der Rindenschicht, überaus zahlreiche
und dicht gedrängt stehende Blutpunkte erkennen lässt. Ist der
Tod dagegen erst nach längerer Zeit erfolgt, so zeigt die pia mater
je nach dem Krankheits-Verlaufe die verschiedenen Stadien der
acuten Entzündung von der beginnenden Trübung bis zu den schweren
Formen der eitrigen Arachnitis. Gerade in solchen Fallen, wo
der Schädel lange Zeit schutzlos den Sonnenstrahlen ausgesetzt
gewesen war, scheint es besonders häufig zu Eiterungen zu kommen,
die im weiteren Verlaufe auf die Hirnsubstanz selbst übergreifen
und auf diese Weise schliesslich zum Tode führen. Besonders hervorzuheben bleibt noch eine, nur in den Tropen beobachtete Form,
welche durch wiederholte Gehirnhyperaemien entsteht, zur Hirn-
sclerose führt und mit der Arachnitis chronica profunda Virchow's
mehr oder minder identisch sein dürfte.

b. Brusthöhle.

Das subcutane Fettgewebe ist in der Regel normal, die
Musculatur zeigt dagegen constante Veränderungen. Zunächst
fällt bei ihr die ausgesprochene Trockenheit und Festigkeit auf,
wodurch sie auf Durchschnitten etwas glänzend — Arndt nennt
es „glasig" — erscheint. In zweiter Reihe ist die dunkle Färbung hervorzuheben, welche auf einer Ueberfüllung der grösseren
Venen beruht. Diese Hyperaemie erstreckt sich jedoch nicht bis
auf die feineren Gefässverzweigungen, in Folge dessen das eigentliche Muskelgewebe blass, anaemisch aussieht.

Die Pleurahöhlen enthalten meist nur wenig seröse Flüssigkeit*), die fast regelmässig wegen der raschen Diffusion des Blut-
farbstoffes mehr oder minder blutig gefärbt erscheint. Wirkliche
Blutextravasate sind dagegen äusserst selten**). Die Pericardial-
flüssigkeit ist in der Regel gleichfalls vermindert und kann, wie
z. B. in dem einen Ullmann'schen Falle, gänzlich fehlen. Unter
dem Pericardium findet man, und zwar vorzugsweise unter dem

---

*) In den beiden Wagner'schen Fällen fehlte dieselbe gäuzlich.
**) Dowler sah mehrfach wirkliche Blutextravasate und Peake fand bei
einem Neger in jeder Pleurahöhle ca. 300 Gramm anscheinend reinen Blutes.

visceralen Blatte, beinah regelmässig stecknadelknopf- bis linsen-
grosse Petecchien resp. Ecchymosen, deren Zahl in den meisten
Fällen ziemlich beträchtlich zu sein pflegt.

Am Herzen fällt zunächst die starke Füllung der Kranzarterien und Vorhöfe auf; die rechte Kammer enthält in der
Regel ebenfalls grössere Mengen flüssigen Blutes, während der linke
Ventrikel nur wenig gefüllt, selbst vollständig leer gefunden
wird (Ullmann, Barclay). Ueber die Consistenz, d. h. den
Contractionszustand der Ventrikel gehen die Meinungen weit auseinander: die Einen fanden die Muskulatur schlaff, die Andern
mässig hart, die Dritten fest contrahirt und noch Andre sahen bei
beiden Ventrikeln ein verschiedenes Verhalten. Vor allen Dingen
ist hierbei zu beachten, wie lange Zeit nach dem Tode die Section
gemacht wird. Geschieht dies, wie in den Wood'schen Fällen
kurze Zeit nach dem Tode*), so findet man ausnahmslos das Herz
fest contrahirt und zwar schon zu einer Zeit, wo die übrige Muskulatur noch keine Spur von Todtenstarre zeigt (Fall II und VI,
1 St. nach dem Tode). Die Todtenstarre beginnt am linken Ventrikel, denn während Wood 4mal bereits das ganze Herz fest contrahirt fand, erwies sich 2mal (Fall VI und VII) nur der linke
Ventrikel zusammengezogen, wie dies Wood mit den Worten „left
heart rigidly contracted" ausdrücklich hervorhebt. Ausserdem ist
die Todtenstarre am linken Ventrikel viel hochgradiger und scheint
ebenfalls viel länger zu währen als am rechten. Auf diese Weise
erklärt sich auch, weshalb vielfach (namentlich bei Sectionen die
12—18 Stunden nach dem Tode gemacht werden) der rechte Ventrikel schlaff, der linke dagegen fest contrahirt gefunden wird.

Von grosser Bedeutung ist ferner die häufige Erkrankung
der Herzmuskulatur. So finde ich unter 14, theils in den
letzten Jahren publicirten**) theils in meinem Privatbesitze befind-
lichen Sections-Protocollen 9mal eine mehr oder minder erhebliche
Veränderung der Muskelsubstanz selbst verzeichnet und zwar: 4mal
Atrophia fusca, 1mal Obesitas, 1mal Hypertrophie des linken
Ventrikels in Folge von „Verdickung" der Mitralklappe und 3mal

---

*) Wood machte die Autopsie viermal 1 und zweimal 2 Stunden post
mortem.

**) Obernier 4, Arndt 3, Ullmann 2, Köster, Schneider und Sie-
damgrotzcky je 1 Fall.

Dünnwandigkeit und Schlaffheit des rechten Ventrikels. Rechnet man die 3 letztgenannten Befunde mit, so lässt sich in 64⁰/₀₀ der Fälle eine Erkrankung der Herzmuskulatur nachweisen. Auch bei andern Autoren findet sich Aehnliches erwähnt, z. B. rothe Atrophie bei Baeumler und Wagner, fettige Degeneration der Muskulatur und atheromatische Entartung der Kranzarterien bei Thompson, und in den englischen Armee- und Marine-Berichten[*]) der letzten Jahre sind gleichfalls mehrere Fälle erwähnt, in denen tiefgehende Degenerationen der Herzmuskulatur constatirt wurden.

Unter dem Endocardium und zwar vorzugsweise unter dem des linken Ventrikels, finden sich häufig Petecchien und Ecchymosen, die meist hirsekorn- bis linsengross sind und in einzelnen Fällen den Umfang einer Bohne (Siedamgrotzki) oder eines Markstückes (Obernier) erreichen. Erkrankungen der Klappen selbst sind ziemlich selten (Obernier, Thompson), verdienen jedoch immerhin eine gewisse Beachtung, da sie wie alle Erkrankungen des Herzens eine wichtige Rolle bei der Entstehung des Hitzschlages spielen, worauf ich späterhin zurückkommen werde[**]).

Unter den Veränderungen des Blutes ist vor allem das Ausbleiben der Gerinnung zu erwähnen. Dies Flüssigbleiben des Blutes ist so constant, dass ich in der gesammten Litteratur nur 3 Fälle (Barclay, Ullmann, Wood) ausfindig machen konnte, in welchen es (im rechten Ventrikel) zur Bildung von Gerinnseln gekommen war. Das Ausbleiben der Gerinnung ist als Leichen-Erscheinung aufzufassen, da das während des Lebens durch Venaesection entleerte Blut normal gerinnt. Das Blut wird ferner allgemein als dünnflüssig bezeichnet, obgleich man a priori annehmen sollte, dasselbe habe in vielen Fällen, wie z. B. bei der enormen Schweissabsonderung auf dem Marsche, an wässerigen Bestandtheilen eingebüsst. Es wäre daher von grossem Interesse, festzustellen, ob hier eine wirkliche Eindickung vorliegt, wie sie Chaple und Smart annimmt, oder ob die vermehrten Ausgaben an wässrigen Bestandtheilen ausschliesslich auf Kosten der interstitiellen

---

[*]) Armee-Bericht von 1868, S. 296 und Marine-Bericht von 1875, S. 236.
[**]) Nach Tommasi (Vierteljahrschr. f. pract. Heilk. 1878, II, S. 41.) sind bei Heizern, Köchen, Schmieden, Feuerarbeitern, kurz bei Leuten, die andauernd in hochtemperirter Luft athmen, Erkrankungen der Aortenklappen und der Intima ziemlich häufig.

resp. parenchymatösen Flüssigkeiten geschehen. Leider lässt sich diese Frage zur Zeit noch nicht endgültig entscheiden, da bis jetzt nur eine einzige Untersuchung nach dieser Richtung hin vorliegt. Wood fand nämlich in einem Falle ein specifisches Gewicht von 1,059*) und eine nicht unerhebliche Vermehrung des Fibrins resp. der gesammten festen Bestandtheile. Es hinterliessen 1205 Gran Blut nach dem Abdampfen 550 Gran fester Rückstände oder 456,4 pro mille, während Becquerel und Rodier als Minimum 200 und als Maximum nur 240 p. m. fanden. Ferner ergaben 158 Gran Blut 43 Gran trockenes, unreines Fibrin oder 272,1 pro mille, während normales venöses Blut in 1000 Theilen nach den genannten Autoren nur 63,5 bis 76,5 Gewichtstheile enthält. Die Ergebnisse dieser Analyse unterstützen wie gesagt die Chapple-Smart'sche Behauptung, und damit stimmen auch die Untersuchungen von Falk und Scheffer überein, welche bei verdursteten Thieren den Wassergehalt des Blutes um beinahe ein Drittel, den des Körpergewicht um ein Fünftel vermindert fanden**).

Die auffallend dunkle Farbe des Blutes rührt nicht von einer Ueberladung mit Kohlensäure, sondern, wie die Versuche an Thieren ergeben haben, von dem beinahe vollständigen Verschwinden des Sauerstoffes her. Mit diesem Mangel an Sauerstoff hängt wahrscheinlich auch das Ausbleiben der Gerinnung zusammen, worauf ich später noch einmal zurückkomme.

Die Reaction des Blutes war in den meisten Fällen schwach sauer, und dürfte dies wohl auf die Anwesenheit von Milchsäure zurückzuführen sein. Von abnormen Stoffen wies Obernier noch Harnstoff nach, sodass das Blut ziemlich reich an Umsatzproducten zu sein scheint***).

Was nun die Blutkörperchen anbelangt, so fanden Obernier und Ullmann die weissen Blutkörperchen erheblich vermehrt, und

---

*) Das spec. Gewicht des Blutes schwankt nach v. Gorup-Besanez zwischen 1,045 bis 1,075 und beträgt nach Budge im Mittel 1,055.

**) Von den Geweben hatten die Muskeln und Haut, von den Secreten die Galle und der Harn am meisten Wasser eingebüsst. (Arch. f. phys. Heilkunde, XIII, 517).

***) Bekanntlich haben einzelne Autoren, z. B. Passauer, eine wirkliche Blutvergiftung angenommen, eine Hypothese, welche durch die Experimente von Stiles hinreichend widerlegt ist.

zwar giebt Erstgenannter ihr Verhältniss zu den rothen wie 1:80 bis 100 an. Dass diese Vermehrung keine absolute, sondern nur eine relative und durch den Untergang zahlreicher rother Blutkörperchen bedingt sei, geht aus den Untersuchungen von Levick, Siedamgrotzky und Ullmann hervor, welche das Vorhandensein zahlreicher geschrumpfter Blutkörperchen und moleculärer Massen (Detritus) constatirten. Denselben Process des Zerfalles sah Siedamgrotzky an den weissen Blutkörperchen, bei welchen er mehrfach den Kern an einer Seite freiliegend vorfand.

Die Lungen zeigen nicht selten ausgedehnte Verwachsungen mit dem Rippenfelle, und unter der Pleura (vorzugsweise unter der pars diaphragmatica) finden sich vielfach die bereits mehrfach erwähnten linsengrossen Ecchymosen. An den Lungen fällt sofort die hochgradige Blutüberfüllung auf, die im Allgemeinen an den hinteren und unteren Parthien am stärksten ausgeprägt ist. Auch zwischen beiden Körperhälften lassen sich zuweilen deutliche Differenzen erkennen, und dann pflegt die Hyperaemie an der rechten Lunge stärker als an der linken ausgeprägt zu sein. Diese Unterschiede in der Blutfülle beruhen nur zum Theil auf Leichenhypostase, zumal da sie sich schon während des Lebens durch die physikalische Untersuchung nachweisen lassen. Die Farbe der vorderen Lungenparthieen erscheint in der Regel ziemlich normal, die der hinteren dunkel, selbst schwärzlich und dem entsprechend sind auch die letzteren fester und weniger lufthaltig als die ersteren. Beim Einschneiden entleeren die vorderen Abschnitte eine wässrigschaumige Flüssigkeit (Oedema pulmonum), die hinteren dagegen fast reines, mit wenig Luft vermischtes Blut. Durch Ausdrücken mit den Fingern lässt sich aus diesen, fast homogen erscheinenden Parthieen beinahe die gesammte Blutmenge entfernen, sodass das normale Lungengewebe wieder zum Vorschein kommt. In einzelnen Fällen erwies sich die Blut-Ueberfüllung der Lungen als so hochgradig, dass sie zu wirklichen Zerreissungen der Gefässe, zur Entstehung haemorrhagischer Infarcte führte (Wagner, Thompson, Longmore, Hill). Die mikroskopische Untersuchung der Lungen

---

*) Für die Aetiologie des Hitzschlags sind derartige Adhäsionen nicht ganz ohne Bedeutung.

bietet, ausser einer strotzenden Füllung der Capillaren mit Blutkörperchen, nichts Bemerkenswerthes.

Die Bronchien sind in der Regel mit einer schaumig-bluti-
gen Flüssigkeit erfüllt und ihre Schleimhaut ist hochgradig geröthet und ziemlich stark geschwollen. Dieselben Erscheinungen
zeigen die Trachea, der Larynx und Pharynx, obgleich hier
die Hyperaemie und Schwellung nicht so stark wie in den Bronchien zu sein pflegt.

Unter den weiteren Veränderungen der Halsorgane ist ein
Befund hervorzuheben, dem seiner Zeit eine gewisse Bedeutung
beigelegt wurde: ich meine die Haemorrhagien unter das Neurilem
der grossen Nervenstämme. Köster und Siedamgrotzky fanden nämlich Blutextravasate in den Ganglien des N. sympathicus,
unter dem Neurilem der Nn. vagi und phrenici, sowie in der Ge-
fässscheide beider Carotiden. Da sich derartige Extravasate, wie
wir gesehen haben, ziemlich häufig und zwar an den verschiedensten Organen vorfinden, so dürfte ihnen im Allgemeinen eine besondere Bedeutung nicht beizumessen sein*).

c. Unterleibshöhle.

Die Peritonealflüssigkeit ist meist vermindert und kann
in einzelnen Fällen, wie z. B. in den Wagner'schen, gänzlich fehlen. Die Milz zeigt, wenn auch nicht constant, eine mässige Vergrösserung; ihre Farbe ist dunkelroth und ihre Consistenz ziemlich normal. Die Nebennieren fand Siedamgrotzky — andere Beobachter erwähnen diese Organe gar nicht — einmal sehr
blutreich; die Nieren selbst sind in der Regel deutlich vergrössert,
und ihre Kapsel ist leicht abziehbar. Die Vergrösserung betrifft
vorzugsweise die Rindensubstanz, die zuweilen wie gequollen, blass
oder mit einem Stich in's Graue erscheint. Die Marksubstanz ist
geröthet, und zwar je näher den Papillen, desto stärker, zeigt stark
gefüllte Gefässe und in einzelnen Fällen kleinere oder grössere
Ecchymosen (Arndt). Die Blase ist entweder ganz leer oder

---

*) Köster sah einmal das gangl. cervicale supremum n. symp. dext. bis
auf das Doppelte vergrössert, die Nervenfasern aus einander gedrängt und zer-
trümmert.

enthält nur geringe Mengen eines trüben, sehr concentrirten Urines und ihre Schleimhaut lässt in einzelnen Fällen eine leichte Gefässinjection erkennen. Der Magen ist in der Regel stark aufgetrieben, die Mucosa erscheint injicirt und zuweilen mit Petecchien besetzt. Der Befund am Darme pflegt, abgesehen von der meist hochgradigen Gasentwicklung, nicht constant zu sein. In einigen Fällen enthielt derselbe geringe, in anderen (und diese scheinen die Mehrzahl zu bilden) grössere Mengen dünnbreiiger, selbst wässriger Contenta*).

Die Leber ist vergrössert, fester wie gewöhnlich und zeigt vielfach eine etwas teigig-pralle Beschaffenheit, sodass Fingereindrücke längere Zeit sichtbar bleiben. Ihr Parenchym erscheint graubraun, trocken, fast wie gekocht, und aus den grösseren Venen entleeren sich reichliche Mengen dunklen, flüssigen Blutes. Die Gallenblase ist mässig gefüllt und die Galle anscheinend von normaler Beschaffenheit. Das Pankreas zeigt keine bemerkenswerthen Veränderungen. Die Venae cavae, sowie die gesammten grösseren Venenstämme, sind stark mit flüssigem, dunkelfarbigen Blute gefüllt, während das Arteriensystem so gut wie leer erscheint. Die retroperitonealen Lymphdrüsen sowie der ductus thoracicus bieten keine nennenswerthen Veränderungen dar.

Das Wesentlichste des Leichenbefundes ist mithin: die schnell auftretende Todtenstarre, die rapide sich vollziehende Verwesung, die starke Hyperaemie der grösseren Hirnhautvenen bei relativer Anaemie resp. Oedem der Hirnsubstanz, die enorme Blutüberfüllung der Lungen, die trübe Schwellung der Leber und Nieren, die auffallend früh eintretende und hochgradige Starre des linken Ventrikels, die Ueberfüllung des ganzen venösen Gefässsystems, das Flüssigbleiben des Blutes und schliesslich der Untergang zahlreicher rother Blutkörperchen.

Die erwähnte Ueberfüllung des Venensystems führt einerseits zu zahlreichen capillären Gefässzerreissungen (Petecchien), andrer-

---

*) Bei den in den Tropen vorkommenden, mehr chronisch verlaufenden, Formen besteht fast ausnahmslos Stuhlverstopfung.

seits zum Oedem (Gehirn, Lungen) und zur trüben Schwellung
der parenchymatösen Organe (Leber und Nieren).*)

Auf Grund dieses Befundes müssen wir unser Ur-
theil über die eigentliche causa mortis in die Worte zu-
sammenfassen: Tod durch Herzparalyse.

------

*) Ob diese trübe Schwellung als beginnende parenchymatöse Entzündung
aufzufassen sei, wie dies z. B. Arndt thut, bleibt noch abzuwarten. Ich für
meine Person bin nicht geneigt, mich der Arndt'schen Ansicht anzuschliessen,
einestheils weil wir keinen einzigen Vorgang kennen, in welchem eine reine
Stauungshyperaemie zur wirklichen Entzündung führt, anderentheils, weil bei
den in Genesung übergehenden Erkrankungen keinerlei Erscheinungen auf eine
tiefer greifende Organ-Erkrankung hindeuten.

V. Aetiologie und Pathogenese.

Wie schon die Namen Sonnenstich und Hitzschlag andeuten, bilden die directe Einwirkung der Sonnenstrahlen und die hohe Temperatur der atmosphärischen Luft die wesentlichsten Momente bei der Entstehung der genannten Krankheiten. Dies beweist der Umstand, dass beide Krankheiten in den heissen Sommermonaten am häufigsten, während der kälteren Jahreszeit dagegen gar nicht auftreten, und eine Zusammenstellung der in der deutschen Armee vorgekommenen Fälle nach Monaten ergiebt die nachstehende Vertheilung:

Jahr	März	April	Mai	Juni	Juli	Aug.	Sept.	Sum.	Bemerkungen
1867	—	—	4	6 (1)	3 (1)	1 (1)	1 (1)	15 (4)	Die eingeklammerten Zahlen bedeuten Todesfälle.
1868	1 (1)	1 (1)	10 (3)	11 (4)	9 (6)	45 (19)	10 (3)	87 (38)	Ein Mann vom 7. A.-C. † im Dec. (?)
1869	—	2 (1)	1 (1)	3	6 (1)	16 (3)	11	39 (6)	
1870	—	1	1	3				5	1. Jan. — 30. Juni
1871					1 (1)	2	—	3 (1)	1. Juli — 31. Dec.
1872	—	1	1	7	7	5 (4)	36 (13)	57 (17)	
1873	—							—	1. Jan. — 31. März.
1873 74	—	—	—	10	18 (4)	30	1	59 (4)	1. April 1873 — 31. März 1874.
Summa	1 (1)	5 (2)	17 (4)	40 (5)	44 (13)	99 (27)	59 (17)	265 (70*)	

*) Die Differenz mit der auf S. 26 angegebenen Summe rührt daher, dass bei 2 Fällen aus dem Jahre 1867 der Todes-Monat nicht ersichtlich ist.

Hierbei fällt zunächst auf, dass die meisten Erkrankungen nicht in den heissen Juli, sondern in den kälteren August und September fallen, was unzweifelhaft damit zusammenhängt, dass in diesen Monaten die grösseren Herbstmanöver stattfinden. Zugleich geht aber daraus hervor, dass die hohe Temperatur der Luft nicht das alleinige ursächliche Moment bei der Entstehung des Hitzschlags bildet, sondern dass hierbei noch andere Factoren eine bedeutungsvolle Rolle spielen.

Bevor ich indessen hierauf näher eingehe, erscheint es mir geboten, zunächst die beiden Begriffe Sonnenstich und Hitzschlag zu definiren.*) Bereits in meiner früheren Bearbeitung dieses Gegenstandes habe ich Sonnenstich und Hitzschlag als zwei scharf getrennte Formen unterschieden und fasse ich unter Sonnenstich diejenigen Krankheitserscheinungen zusammen, welche ausschliesslich durch die Einwirkung der directen Sonnenstrahlen auf den menschlichen Körper entstehen, während ich unter Hitzschlag eine Krankheit verstehe, welche das Resultat mehrerer, sich besonders auf Märschen geltend machender Factoren ist. Eine zweite Form des Hitzschlags, die ich „Wärmeschlag“ nennen will, gehört fast ausschliesslich den Tropen an und kommt hauptsächlich unter dem Einflusse extrem hoher Lufttemperaturen zu Stande**).

Genetisch betrachtet liegt allen drei Formen die Einwirkung hoher Temperaturen auf den menschlichen Organismus zu Grunde, symptomatisch characterisiren sie sich sämmtlich durch hochgradige Steigerung der Eigenwärme, aber die Quellen dieser Wärme sind im ersten Falle ausschliesslich die directen Sonnenstrahlen, im

---

*) Welche Sprachverwirrung in dieser Hinsicht herrscht, zeigt am deutlichsten die nachfolgende Aufzählung der gebräuchlichsten Bezeichnungen: Apoplexia capillaris (Albers), Apopl. of the hot winds (Murphy), Apopl. pulmonalis (Heusinger), Asphyxia solaris (Steinkühl), Calentura (Beisser), Coup de soleil (Lieutaud), Encephalitis ab insolatione, Erethismus tropicus (Taylor), Febris aestivalis (Siebert), Febr. ardens (Martin), Febr. remittens (Henderson), Heat-apnoea (Wrench), Heat-apoplexie (Longmore), Heat-asphyxie, Heat-fever (Levick), Heat-stroke (Bacumler), Hetzschlag (Köster), Hitzfieber, Hitzschlag (Rieke), Ictus solis, Insolatio, Morbus caninus, Morb. solstitialis, Siriasis, Solar-exhaustion (Dowler), Sonnenstich, Sun-fever (Strange), Sunstroke (Dowler), Thermic fever (Wood).

**) Ich weiss sehr wohl, dass der Name nicht besonders glücklich gewählt ist, muss ihn jedoch der Unterscheidung halber gebrauchen.

zweiten vorzugsweise die eigene Muskelthätigkeit und im dritten
die hohe Temperatur der atmosphärischen Luft.

Ich halte eine scharfe Trennung dieser drei Formen deshalb
für unerlässlich nothwendig, weil es mir unmöglich erscheint,
die zum Theil ganz verschiedenen Krankheitsbilder in einen ge-
meinschaftlichen Rahmen einzuzwängen. Erst seitdem ich anfing,
die in der Litteratur zerstreuten Fälle nach den angedeuteten Ge-
sichtspunkten zu ordnen, begannen die bis dahin etwas verschwom-
menen Krankheitsbilder scharfe Umrisse zu gewinnen und sich
förmlich plastisch vom Hintergrunde abzuheben. Aus diesem Grunde
will ich auch versuchen, die drei Formen getrennt zu besprechen.

Der Sonnenstich, d. h. die reine Form desselben, ist in unserem Klima, wie ich bereits früher erwähnt habe, ziemlich selten.
Ich für meine Person habe nur 2 ausgesprochene Fälle davon gesehen, und in der Litteratur finden sich höchstens noch 50 andere
verzeichnet, die streng genommen in diese Categorie gehören. Die
reine Form des Sonnenstichs, der Sonnenstich, κατ᾽ ἐξοχήν,
entsteht durch Einwirkung der directen Sonnenstrahlen und zwar,
was ich ausdrücklich hervorhebe, auf den ruhenden Körper. Es
handelt sich daher meist um Menschen, die sich entweder aus Ermüdung oder in der Trunkenheit in die Sonne niederlegten und
bald darauf unter den Erscheinungen des Sonnenstichs erkrankten.
So beobachtete ich im Sommer 1872 in Reims bei zwei Soldaten,
welche längere Zeit unthätig in der Nachmittagssonne gelegen
hatten, ausgesprochene Symptome des Sonnenstichs, und zwar
erkrankte der eine, welcher in der Bauchlage eingeschlafen war,
unter den Erscheinungen der hochgradigsten Gehirn- und Rücken-
marks-Hyperaemie. Beide Kranken genasen glücklicherweise innerhalb weniger Tage, doch sind eine ganze Reihe von Fällen bekannt
geworden, in denen der Tod schon nach wenigen Stunden erfolgte.
Bauer berichtet z. B. von einem Knaben, welcher sich zum Schlafen in die Sonne gelegt hatte — das Thermometer zeigte 31⁰ im
Schatten — bald darauf bewustlos gefunden wurde und nach kurzer Zeit starb. Ganz ähnlich erging es nach Tissot zweien Mährern,
welche ohne Kopfbedeckung auf einem Heuhaufen eingeschlafen
waren, und einen weiteren Fall, der indessen nicht so schnell letal
endete, theilt M'Kendrick mit. Ein 22jähriger Schäfer hatte
sich mit blossem Kopfe ins Freie schlafen gelegt, erwachte mit

heftigen Kopfschmerzen, bekam gegen Abend einen Frostanfall und
ging 16 Tage später an meningitis und encephalitis (citrige Infiltration im hintern Lappen der linken Hemisphäre) zu Grunde.

Alle diese Fälle betrafen bis dahin vollkommen gesunde Personen, und es unterliegt daher wohl keinem Zweifel, dass hier in der
Einwirkung der Sonnenstrahlen die Todesursache zu suchen sei.
Eins bleibt dabei nur auffällig, nämlich dass der Tod in so auffallend kurzer Zeit erfolgen kann, und fragt es sich deshalb, worauf diese schnell tödtliche Wirkung der Sonnenstrahlen beruhe.
Zur Beantwortung dieser Frage stellte Walther in den Jahren
1866, Vallin 1868, Wood 1871 und ich 1878 eine Reihe von
Versuchen an, welche im Wesentlichen übereinstimmende Resultate
ergaben. Zum besseren Verständniss des nachfolgenden Ab-
schnittes will ich hier einen der eigenen Versuche ausführlicher
mittheilen. Ich bemerke dabei noch, dass die betreffenden Thiere
(Kaninchen) mit der Bauchseite nach oben auf ein Spannbrett be-
festigt und dann, an einem geöffneten Fenster, der Sonne ausgesetzt wurden.

Versuch V.

23. August 1878.				Starkes grauweisses Kaninchen (männl.)	Bemerkungen.
Zeit Vorm.	Temp. (in ano)	Puls	Resp.	Temp. d. Luft im Schatten 16°, in d. Sonne 31,5°, Barom. 775,5 Mm., Himmel klar, Luft ruhig.	
11.40	38,3	200	40	Das Thier verhält sich ruhig, athmet langsam und gleichmässig (Abdominal-Typus).	
— 43	39,0	—	—	Leichte Unruhe.	
— 45	39,8	192	44		
— 48	—	—	—	Die Bewegungen des Zwerchfells treten deutlicher hervor.	Lebhaftere Luftbewegung. Temp. in der Sonne 29,5.
— 50	40,5	192	72	Die Respiration ist frequenter, das Spiel der Nasenflügel energischer geworden. Pupillen mittelweit, Conjunctivae leicht injicirt, Augen thränend.	
— 52	41,1	—	—		

Zeit Vorm.	Temp. (in ano)	Puls	Resp.		Bemerkungen.
12.—	41,8	200	80	Versuch sich zu befreien, Athmung etwas geräuschvoll (Ansammlung von Sekret in der Luftröhre).	
— 4	42,0	188	80	Wiederholte, kräftige Befreiungsversuche.	
— 7	42,8	184	144	Puls voll und kräftig. Respiration frequent, Exspirationen kurz, ruckartig.	
— 10	43,1	184	152		
— 15	44,0	188	172	Puls leichter comprimirbar.	
— 20	42,7	200	148		Von 1.17—1.19 U. Sonne durch eine vorüberziehende Wolke verhüllt.
— 25	43,7	192	160	Energischer Versuch, sich zu befreien; Athmung sehr geräuschvoll.	⎫Lebhaftere Luft-⎪bewegung, so-⎪dass die Haare in⎬beständiger, flot-⎪tirender Bewe-⎪gung. T. 31,0°.⎭
— 30	43,7	204	120	Athembewegungen sehr ausgiebig: Speichelfluss. wiederholtes Niesen.	
— 35	43,9	196	92		
— 40	43,6	184	176	Respiration wieder frequenter und oberflächlicher; Speichelfluss sehr reichlich.	
— 45	43,9	—	152	Puls sehr klein und unregelmässig; häufiges Niesen.	Ziemlich windig, Temp. = 28,0°.
— 50	43,4	212	172	Entleerung weniger Tropfen Urin.	
— 53	—	—	—	2—3 kurze, krampfartige Bewegungen sämmtlicher Extremitäten.	
— 55	44,1	—	192	Respiration jagend, Puls nicht mehr zählbar.	Temp. = 29,0°.
1.—	44,0	—	172	Puls nur noch sehr undeutlich.	Sonne ca. ½ Minute lang verhüllt.
— 5	43,9	—	160	Thier sehr unruhig.	
— 10	44.2	—	—	Puls am Ohr nicht mehr zu fühlen.	T. = 31,8°.
— 13	44,9	—	124	Athmung beginnt unregelmässig zu werden.	
— 15	45,0	—	108	Die oberflächlichen Athembewegungen werden von Zeit zu Zeit durch kurzdauernde, krampfartige Contractionen des Zwerchfells unterbrochen.	

Zeit Vorm.	Temp. (in ano)	Puls	Resp.		Bemerkungen
1.17	45,4	—	—	Schnell vorübergehende klonische Krämpfe in den verschiedensten Muskelgruppen.	
— 18	45,6	—	—	Tonische Krämpfe sämmtlicher Extremitäten.	
— 20	—	—	—	Athembewegung zeitweilig aussetzend.	
— 21	—	—	—	Opisthotonus und allgemeiner Tetanus.	
— 23	45,8	—	—	Tod.	

1.26				Unmittelbar nach dem Aufhören der Athembewegungen wird die Brusthöhle eröffnet. Die Lungen sind zurückgesunken, das Zwerchfell steht vollständig still; der linke Ventrikel zeigt nur fibrilläre Muskelzuckungen, der rechte dagegen noch particlle Contractionen.	
— 28				Das Zwerchfell reagirt nur noch schwach, die anderen Muskeln prompt gegen den inducirten Strom.	
— 31				Faradische Erregbarkeit des Zwerchfells erloschen; die Reaction bereits stark sauer.	
— 32				Linke Ventrikel steht in Diastole still.	
— 34				Linke Ventrikel reagirt nicht mehr gegen den inducirten Strom, während der rechte noch rythmische Contractionen zeigt, welche inzwischen sowohl an Regelmässigkeit (112 in der Minute) als auch an Energie gewonnen haben.	
— 38				Reaction der Oberschenkelmuskulatur deutlich sauer.	
— 40				Am Nacken beginnt die Todtenstarre.	
— 45				Die Contractionen des rechten Ventrikels werden unregelmässig; der linke Vorhof steht still, der rechte zeigt noch rythmische Zusammenziehungen.	
— 47				Die unteren Extremitäten beginnen bereits steif zu werden, während die oberen noch leicht beweglich sind.	
— 48				Der rechte Ventrikel steht still, reagirt jedoch noch schwach gegen den inducirten Strom.	
— 50				Die faradische Erregbarkeit des rechten Ventrikels ist erloschen. Der linke Ventrikel ist vollständig contrahirt, wodurch der rechte ein gefaltetes Aussehen erhält. Der Herzbeutel wird jetzt eröffnet und das Herz soweit um seine Längsachse gedreht, dass die hintere Fläche des rechten Vorhofes	

Zeit Vorm.		Bemerkungen.
	übersehen werden kann. Dabei zeigt sich, dass die Contractionen an der Einmündungsstelle der V. cava inf. beginnen und sich von dort aus über den Vorhof bis zur Spitze des Herzens fortpflanzen, jedoch folgt erst jeder zweiten oder dritten einleitenden Contraction an den Gefässstämmen eine complete des Vorhofes.	
1.55	Die Todtenstarre an den oberen Extremitäten beginnt.	
2.15	Die Zusammenziehungen des rechten Vorhofes sind gleichmässiger und energischer geworden, und zwar löst jetzt jede einleitende Contraction eine vollkommene des Vorhofes aus.	
3,50	Der rechte Vorhof macht noch 32 rythmische Contractionen in der Minute.	
4.30	Der rechte Vorhof steht still.	

Section
(4 Uhr 30 Minuten).

Nach Eröffnung der Unterleibshöhle, wobei sich bereits ein schwacher Leichengeruch bemerklich macht, wird zunächst nur die Lage, der Blutgehalt der einzelnen Organe geprüft und darauf zur eigentlichen Section geschritten.

Schädelknochen blutreich, Gefässe der dura und pia mater, sowie die Sinus prall gefüllt. An der Schädelbasis kein Exsudat, jedoch finden sich geringe Mengen davon in der Querfurche zwischen Gross- und Kleinhirn. Die Vv. cerebri internae und die V. magna Galeni mässig gefüllt (nicht prominirend). Rindensubstanz leicht rosig gefärbt, in der Marksubstanz zahlreiche Blutpunkte. Ventrikel normal, Gefässe des plexus choroid. sehr deutlich entwickelt, ebenso die Venen des verlängerten Markes und des oberen Theiles vom Rückenmarke.

Der Herzbeutel enthält fast gar keine Flüssigkeit; die Vv. coronar. cord. und die beiden Vv. cavae sind strotzend gefüllt, die Ventrikel fest contrahirt, der linke absolut leer, im rechten ein kleines, dunkles Blutgerinnsel. Die Vorhöfe erscheinen stark mit dunklem, flüssigen Blute überfüllt und enthalten spärliche, weiche Blut-

gerinnsel. Die Herz-Muskulatur erscheint etwas oedematös infil-
trirt*). Die Lungen zeigen an den hinteren und inneren Parthieen
ein gleichmässig dunkles Aussehen, an der vorderen Fläche dagegen
eine hellere, etwas marmorirte Färbung**).

Der Unterleib ist meteoristisch aufgetrieben, die Muskulatur
der Bauchdecken rosaroth gefärbt, auffallend trocken und zeigt
stark entwickelte Venennetze und zahlreiche punkt- und strichför-
mige Blutextravasate. Das durch Gas hochgradig ausgedehnte
Colon transversum enthält viel dickbreiige Kothmassen und besitzt
deshalb ein schiefrig-graues Aussehen, welches an der, dem Mesen-
terialansatze gegenüberliegenden Parthie des Darmrohres in eine
mehr roth-braune Färbung übergeht***). In der linken Unterbauch-
gegend liegt ein Convolut zart rosa gefärbter Dünndarmschlingen,
welche gleichfalls etwas meteoristisch aufgetrieben sind und geringe
Mengen einer gelblich gefärbten Flüssigkeit enthalten. Der seröse
Ueberzug der erwähnten Darmschlingen fühlt sich etwas klebrig
an (beginnendes Exsudat), welche Erscheinung an den andern Parthieen des Darmrohres nicht hervortritt. Der übrige Theil des
Verdauungstractus zeigt, abgesehen von der am fundus ventriculi
bereits bestehenden Erweichung, nichts Besonderes. Die Milz sieht
blauroth aus und ist deutlich vergrössert; die Nieren sind blutreich,
ihre oberflächlichen Venennetze sind sehr deutlich entwickelt und
die linke Niere erscheint an ihrer vorderen Fläche (Sonnenseite)
fast rothbraun gefärbt. Die Blase enthält 3—4 Cctm. eines trüben,
schwach sauer reagirenden Harnes, die Leber ist sehr blutreich†),
die Gallenblase stark gefüllt, die Galle dünnflüssig, anscheinend
normal. Die Aorta abdom. ist fast leer, das Venensystem hoch-

---

*) In einem Falle wurde die Reaction der Muskulatur unmittelbar nach
dem Stillstande der Ventrikel geprüft und stark sauer befunden.

**) In einem Falle fand sich im unteren rechten Lappen ein frischer, etwa
erbsengrosser haemorrhagischer Infarkt.

***) In Versuch III, bei welchem die Wirkung der Sonnenstrahlen viel in-
tensiver war und der Tod schon nach 52 Minuten erfolgte, hatte die Ueberfüllung der Mesenterialvenen zu zahllosen punktförmigen- bis stecknadelknopf-
grossen Ecchymosen geführt.

†) In einem Falle (Versuch III) zeigte der, unter dem freien Rippenbogen
hervorragende Theil der Leber eine tief-braune Verfärbung und eine fast trockene
Beschaffenheit des Parenchyms.

gradig mit dunklem, flüssigen Blute überfüllt. Muskulatur der Extremitäten auffallend trocken.

Die beiden andern Versuche, in welchen der Tod nach 52 resp. 71 Minuten erfolgte *), ergaben fast in jeder Beziehung dieselben Resultate, und als wesentlichste Differenz ist nur die verschiedene Blutfülle der direct von der Sonne bestrahlten Körpertheile hervorzuheben. In Versuch I, bei welchem die Wirkung der Sonnenstrahlen am intensivsten und gleichmässigsten war **), fand sich diese Hyperaemie am stärksten in der Muskulatur der Bauchdecken und an der Serosa einzelner Darmschlingen ausgesprochen, sodass es an den genannten Stellen, besonders am Colon transversum, mehrfach zu Blutextravasationen gekommen war.

Auffallend bei diesen Versuchen erscheint zunächst, in wie kurzer Zeit die Thiere der Insolation unterliegen ***). Es muss uns dies um so mehr überraschen, als wir häufig genug sehen, wie sich namentlich Hunde mit Vorliebe die sonnigsten Stellen zum Niederlegen auswählen und dort längere Zeit, ohne irgend welchen Nachtheil davon zu tragen, liegen bleiben. Beobachten wir indessen das Benehmen der Thiere genauer, so bemerken wir, dass dieselben sich zwar anfänglich ganz ruhig verhalten, weiterhin jedoch wiederholt ihre Lage wechseln und schliesslich doch einen schattigeren Platz aufsuchen. Durch derartige Lageveränderungen werden die erwärmten Körpertheile immer wieder abgekühlt, und auf diese Weise sind die Thiere im Stande, die nachtheilige Wirkung der Sonnenstrahlen bis zu einem gewissen Grade zu paralysiren†).

---

*) Eine Anzahl weiterer Beobachtungen musste ungünstiger Witterungsverhältnisse halber abgebrochen werden.

**) Hierbei betrug das Maximum der Sonnenwärme 35,2°, das Minimum 30,0°, und die Sonne wurde nur einmal (auf ca. 1 Minute) durch Wolken verhüllt. In Versuch III stieg das Thermometer vorübergehend auf 35,3°, aber die Sonne verschwand wiederholt (einmal sogar auf 10 Minuten) hinter Wolken, und im Versuch V erreichte das Thermometer überhaupt nur 31,8° C.

***) In meinen Beobachtungen nach 52, 71 und 92, bei Vallin schon nach 35 Minuten.

†) Nach Helmholz gehen bei einer Aussentemperatur von 0° 75 °/₀₀ der Körperwärme durch Strahlung verloren.

Eine zweite, wichtige Rolle spielt hierbei ferner die Gefäss-Paralyse. Unter dem Einflusse der Wärme erweitern sich bekanntlich die Hautgefässe — dauert indessen die Wärmeeinwirkung zu lange, oder ist dieselbe zu intensiv, so tritt Lähmung der Gefäss-Muskulatur ein. Wir konnten deshalb bei der Section an allen, direct von der Sonne bestrahlten Körpertheilen, eine ausgesprochene Hyperaemie constatiren, welche an einzelnen Stellen so hochgradig war, dass sie zu zahllosen Gefässzerreissungen geführt hatte. Da nun das Blut in den erweiterten Gefässen ungleich viel langsamer circulirt, und somit auch längere Zeit unter der Einwirkung der Sonnenstrahlen steht als in normalen, so ist es auch leicht begreiflich, weshalb die Körpertemperatur der Versuchsthiere so überaus schnell zu jener extremen Höhe stieg.

Beide Momente, die behinderte Wärmeabgabe und Gefässparalyse, fallen aber bei den ungefesselten Thieren fort, und daher gelingt es nur schwer (Vallin) oder gar nicht, ungefesselte Thiere durch Insolation zu tödten*), während gefesselte Thiere, bei denen jene Wärmeregulatoren ausser Thätigkeit gesetzt sind, sehr bald unter den Erscheinungen des Sonnenstichs erliegen.

Es fragt sich nun, wie erklären wir uns diese tödliche Wirkung der Wärme? Wenn wir noch einmal in Gedanken den Sectionsbefund durchmustern, so muss uns zunächst die hochgradige Ueberfüllung des Venensystems auffallen, welche unzweifelhaft auf Lähmung des linken Ventrikels zurückzuführen ist. Im rechten

---

*) In mehreren Fällen, wo ich dies vergeblich versuchte, wurden die Thiere in eine, mit feinem Drahte überspannte Trommel gesetzt und diese in beständiger Rotation erhalten. Trotzdem die Temperatur in der Sonne 32,0 bis 33,8° betrug, überschritt die Eigenwärme der Thiere nach ca. 2 Stunden nicht 41,0°, was um so beachtenswerther ist, als hier die durch die Muskelthätigkeit producirte Wärme noch mit in Anschlag zu bringen ist.

Wood, welcher an Kaninchen, Katzen und Hunden experimentirte, sperrte die Thiere in einen Glaskasten, dessen Innentemperatur zwischen 40,0 und 53,9° schwankte, und erzielte den Tod nach 40, 64, 81 und 125 Minuten.

Walther stellte, ausser an Hunden und Kaninchen, auch an Fröschen und Schildkröten Versuche an und fand, dass die Eigenwärme der letzteren höchstens bis auf 37,0° stieg, trotzdem die gefesselten Thiere (bei einer Luftwärme von 26°) 7 Stunden lang den Sonnenstrahlen ausgesetzt waren. Hieraus schliesst derselbe, dass Amphibien der Insolation nicht erliegen, weil ihre Initialwärme so niedrig ist, dass sie durch Wärmestauung nicht bis zur tödlichen Höhe hinaufgetrieben werden kann.

Herzen kann die Ursache dieser Kreislaufsstörung nicht zu suchen sein, denn erstens liegt gar kein Grund zu der Annahme vor, dass der rechte Ventrikel seine Thätigkeit ausnahmsweise früher eingestellt habe als der linke, und zweitens konnte ich mich in sämmtlichen Versuchen direct vom Gegentheil überzeugen. Es kann demnach gar kein Zweifel darüber sein, dass der Tod bei den Versuchsthieren durch progressive Lähmung des linken Ventrikels eingetreten sei, und bleibt somit nur noch zu untersuchen, worauf die Ursache dieser Paralyse beruhe.

In dieser Hinsicht sind die Versuche von Marchand*) interessant, welcher fand, dass exstirpirte Herzen von Fröschen bei allmähliger Erwärmung wieder zu schlagen anfingen, sobald die Temperatur eine gewisse Höhe erreichte, dass bei weiterer Erwärmung eine fortdauernde Beschleunigung und schliesslich (bei 35 bis 42 °) vollständiger Stillstand eintrat. Man kann nun entweder annehmen, dass dieser Stillstand durch Lähmung der Herzganglien oder durch moleculäre Veränderung in der Muskelsubstanz bedingt sei. Marchand hält das Erstere für wahrscheinlich, eine Ansicht, der ich durchaus nicht beipflichten kann. Nach den Untersuchungen von Harless und Wood besitzen nämlich die Nervenelemente eine auffallende Widerstandsfähigkeit gegen hohe Wärmegrade, sodass z. B. die Erregbarkeit der motorischen Nerven von Säugethieren erst bei 52 ° und von Vögeln bei 57,5 ° erlischt**). Wenngleich dies Verhalten der peripheren Nerven keinen unbedingten Rückschluss auf das der Herzganglien gestattet, so scheint es mir, ebenso wie die weiterhin angeführten Versuche von Vallin und Wood über das Verhalten des Gehirns, darauf hinzudeuten, dass der Stillstand des Ventrikels nicht durch Lähmung der innervirenden Centren, sondern durch moleculare Veränderungen in der Muskelsubstanz selbst bedingt sei.

Wie wir gesehen haben, trat in Versuch V der Stillstand des linken Ventrikels nach 9, das Erlöschen der faradischen Erregbarkeit nach 11 und die Todtenstarre nach 27 Minuten ein. In Beobachtung I stellten sich die genannten Erscheinungen schon nach

---

*) Versuche über das Verhalten von Nervencentren gegen äussere Reize. Pflüger's Arch. f. Phys. 1878, S. 511.

**) Das Erlöschen der Erregbarkeit des Nerven wird durch Verflüssigung des Myelins bedingt.

7 resp. 10 und 18 Minuten ein, ja Vallin fand schon nach 5 Minuten das Herz brettartig fest und die Reaction der Muskelsubstanz
intensiv sauer. Handelte es sich in diesen Fällen wirklich nur um
Lähmung der Ganglien, so müsste die Muskulatur direct noch
immer erregbar bleiben, aber das Auffallende in allen diesen Versuchen war eben jenes schnelle Erlöschen der faradischen · Erregbarkeit.

Bekanntlich sind der Verlust der Irritabilität, der Eintritt der
sauren Reaction und das Auftreten der Leichenstarre die hervor-
stechendsten Merkmale, welche den Tod der Muskelsubstanz kenn-
zeichnen. Da diese Erscheinungen aber unter anderen Verhältnissen ungleich viel später — bei gewaltsam getödteten Kaninchen zuweilen erst nach mehreren Stunden — eintreten, so
kann es nach meinem Dafürhalten keinem Zweifel unterliegen,
dass die Lähmung des Herzens nicht durch Innervationsstörung,
sondern durch moleculare Veränderungen der Muskelsubstanz selbst
bedingt sei.

Wie wir aus der Physiologie wissen, wird der Eintritt der
Muskelstarre durch Kälte verzögert[*]), durch vorhergegangene Anstrengung und durch höhere Wärmegrade beschleunigt, „so dass er
bei einer bestimmten Temperatur (40 ° für Kaltblüter, 48—50 ° für
Warmblüter) augenblicklich erfolgt (‚Wärmestarre‘)“[**]).

Wenn wir nun bedenken, dass in unsern Versuchen die Körperwärme der Thiere 45,3, 45,4 und 45,8 ° erreichte[***]), wenn wir
ferner erwägen, welche Mehrforderung an Arbeitskraft dem Herzen
durch die compensatorische Circulationsbeschleunigung und die Anstrengungen bei den Befreiungsversuchen erwuchs, so erscheint es
kaum zweifelhaft, dass bei diesen Insolationsversuchen die Lähmung des linken Ventrikels durch Wärmestarre erfolgt sei.

Das Wesentliche der Muskelstarre ist, wie die Untersuchungen
von Brücke und Kühne ergeben haben, eine Coagulation des
Myosins, aber diese Gerinnung tritt nicht plötzlich ein, sondern

---

[*]) Nach Hermann (Grundriss der Physiol. des Menschen, Berlin 1877,
VI. Aufl. S. 247) tritt die allgemeine Muskelstarre bei einer Temperatur von
0 ° erst im Verlaufe mehrerer Tage ein.

[**]) Hermann, l. c.

[***]) Vallin giebt 44,5 — 45,0, Wood 43,5 — 45,4 und Walther sogar
46,0 ° an.

durchläuft verschiedene Stadien. Zunächst wird der Muskelinhalt dickflüssiger, dann gelatinös, und endlich contrahirt sich das Gerinnsel, wird undurchsichtig und presst eine Flüssigkeit, das Muskelserum aus. Der Muskel erstarrt mithin ziemlich langsam, und dieses allmählige Erstarren documentirt sich durch eine progressive Abnahme der Erregbarkeit, bis schliesslich vollständiger Verlust der Irritabilität eintritt.

So lange sich die Contraction des Myosins noch nicht eingestellt hat, kann der Muskel sich wieder vollständig erholen und auf diese Weise erklärt es sich, weshalb in dem Versuche V der rechte Vorhof nach Eröffnung der Brusthöhle wieder zu arbeiten begann[*]). Cessante causa cessat effectus, heisst es auch hier, vorausgesetzt, dass es nicht wie für die erschöpften Ventrikel „zu spät" ist.

Trotzdem es nun nach meiner Anschauung keinem Zweifel unterliegen kann, dass bei diesen Insolationsversuchen der Tod durch Wärmestarre des linken Ventrikels erfolge, so bleibt doch noch immer eine zweite Möglichkeit zu prüfen, ob nämlich nicht der exitus letalis durch Lähmung des Central-Nervensystems eintrete. Zur Beantwortung dieser Frage stellten Vallin und Wood Versuche in der Weise an, dass sie Kaninchen eine Gummiblase auf dem Kopfe befestigten und Wasser von 45,0—66,9° hindurch strömen liessen. Die Thiere gingen dabei unter erheblicher Steigerung der Körpertemperatur[**]) und unter Erscheinungen zu Grunde, welche denen des Sonnenstichs durchaus glichen. Die Temperatur des Gehirns betrug, unmittelbar nach dem Tode gemessen, 44,6 bis 46,8° und die Gehirnsubstanz selbst, welche sich stark hyperaemisch erwies, zeigte in der Regel normale d. h. neutrale und nur ein. einziges Mal schwach saure Reaction. Die galvanische Erregbarkeit des Herzens und Zwerchfells war vollständig erloschen, und die Todtenstarre trat nach wenigen Minuten ein. Der Leichenbefund ist also genau derselbe, wie bei den durch Insolation getödteten Thieren, und es erscheint mir deshalb auch in hohem Grade

---

[*]) Dieselbe Erscheinung zeigte sich auch in den beiden andern Versuchen.
[**]) Die terminalen Temperaturen sind leider nicht angegeben, doch war die Körperwärme in dem einen Vallin'schen Falle bereits nach $^3/_4$ Stunden auf 41,6° gestiegen.

wahrscheinlich, dass hier der Tod ebenfalls durch Herzlähmung in
Folge von Wärmestarre eingetreten sei*).

Genau in denselben Verhältnissen wie die gefesselten Thiere
befinden sich nun Menschen, welche regungslos längere Zeit den
directen Sonnenstrahlen ausgesetzt sind, wie dies z. B. bei schla-
fenden oder betrunkenen Personen der Fall ist. Für die reinen
Formen des Sonnenstichs dürfte demnach ganz dasselbe gelten, was
vorher über die Versuche an Thieren gesagt wurde.

Im Anschlusse hieran möchte ich noch auf eine andere, allerdings sehr selten vorkommende Art der Wärmewirkung aufmerksam machen, welche mit der Insolation ziemlich nahe verwandt ist.
In Glasfabriken, Eisengiessereien, Hochöfen, kurz überall, wo eine
intensive Hitze gebraucht wird, ereignet es sich zuweilen, dass
Leute, welche durch einen unglücklichen Zufall längere Zeit extremen Hitzegraden ausgesetzt sind, unter Erscheinungen erkranken,
welche den Symptomen des Sonnenstichs durchaus gleichen**).
Ein derartiger Fall, welchen ich hier im Auszuge mittheilen will,
ereignete sich 1872 an der Südostküste Amerikas bei einem Heizer
des englischen Kriegsschiffes „Dart"***). Der Betreffende gerieth
durch einen Fehltritt so fest zwischen zwei eiserne Kesselstützen,
dass man, um ihn zu befreien, eine derselben durchfeilen musste.
Als dies endlich gelungen war, zeigte der Mann alle Erscheinungen
des Sonnenstichs: das Gesicht war geröthet, die Augen mit Blut
unterlaufen, die Haut heiss, der Puls beschleunigt und das Bewusstsein geschwunden. Er wurde sofort auf Deck gebracht, erhielt
kalte Umschläge auf den Kopf und gelangte nach einiger Zeit
wieder zur Besinnung.

---

*) Walther fand bei den durch Insolation getödteten Thieren die Längs-
und Querstreifung der Muskeln auffallend deutlich und zwischen den Längs-
und Querstreifen schwarze, bei 300 facher Vergrösserung eben sichtbare Körner
Diese Erscheinungen waren am deutlichsten am Zwerchfelle und am Herzen
ausgesprochen. Ich habe in allen Versuchen die genannten Muskeln bei 300
bis 900 facher Vergrösserung untersucht, jedoch nichts Abnormes auffinden können. Wahrscheinlich handelte es sich in den Walther'schen Fällen nur um
die von Kölliker beschriebenen „interstitiellen Körner".

**) Bereits Tissot berichtet von einem Manne, welcher mit dem Kopfe
gegen ein Feuer eingeschlafen war und während des Schlafes an einem „Schlag-
flusse" verstarb.

***) Englischer Marine-Bericht von 1872, S. 123.

Einen andern Fall, welchen ich auch hierher rechnen möchte, theilt Speck mit. Elisabeth P., ein 14jähriges Mädchen, litt in Folge von Rheumatismus an Ankylose verschiedener Gelenke. Ein herumziehender Handelsmann versprach das Mädchen zu heilen, liess dasselbe in eine frisch abgezogene Schaafhaut wickeln, in's Bett legen und mit 10 Laiben heissen, eben aus dem Backofen genommenen Brodes umstellen *). Anfänglich klagte das Kind über Unbehagen und Schmerzen in den Extremitäten, schlief jedoch bald darauf ruhig ein. Nach einiger Zeit wurde es blass, verlor das Bewusstsein und starb ungefähr 3 Stunden nach Beginn der Cur**).

Ich wende mich nun zur Besprechung des Hitzschlags, und zwar zunächst zu der reinen Form desselben, dem „Wärmeschlage". In unseren Breiten tritt derselbe, wie bereits früher erwähnt wurde, überaus selten auf, und habe ich in der Litteratur nur zwei hierher gehörende Mittheilungen auffinden können. Der eine Fall betrifft ein 19jähriges Mädchen, welches den ganzen Tag über im Zimmer genäht hatte und gegen Abend unter den Symptomen des Hitzschlages erkrankte, die andere Notiz findet sich bei Ducleaux, welcher aussdrücklich erwähnt, dass bei der auf Seite 27 erwähnten Epidemie von Ville-Franche anfänglich nur Schnitter auf freiem Felde, weiterhin aber auch Personen befallen wurden, welche sich nachweisbar gar nicht der Sonne ausgesetzt hatten.

Ueberaus häufig tritt dagegen der Wärmeschlag in den Tropen auf, wo derselbe, wie ich schon früher bemerkte, entschieden über die anderen Formen überwiegt. So beobachtete Longmore in Indien derartige Erkrankungen bei Soldaten, welche sich den Tag über in Zelten, Baracken oder Hospitälern aufgehalten hatten, Barclay bei Leuten, die des Nachts ruhig in ihren Betten schliefen,

---

*) Ein frischgebackenes Brod zeigte, 15—20 Minuten nach der Herausnahme aus dem Ofen 85°, nach 1 Stunde 60° und nach 2 Stunden noch 45° (2 Ctm. unter der Rinde gemessen).

**) Aus dem leider nicht sehr ausführlichen Sectionsprotocolle ist hervorzuheben, die auffallend schnelle Fäulniss der Leiche, die starke Gefässinjection der Hirnhäute, die Umlagerung des Herzens mit Fett, die ziemlich hochgradige Anfüllung der Kranzarterien, die vollständige Leere des Herzens und die „ecchymosenartigen" Blutpunkte in der Muskulatur: Befunde, welche, wie wir gesehen haben, characteristisch für Hitzschlag sind.

und Friedel sah in Tient-sin (China) sowohl „Gesunde wie Recon-
valescenten, die unter schattigen Veranden oder auf den mit Matten-
dächern überdeckten Höfen auf Stühlen oder Bänken sorg- und
harmlos gesessen hatten, plötzlich, wenn sie aufstanden und ein
paar Schritte über den Hof machten, wie vom Blitze gerührt" todt
umfallen.*)

Eine ausführliche Beschreibung einer derartigen Epidemie verdanken wir Staples. Nach dessen Angaben wehte zu Nowshera
(Ostindien) vom 21. Juni bis 3. Juli 1867 ununterbrochen ein solch
heisser Wind, dass das Thermometer vielfach während der Nacht
höher als am Tage stand. Dasselbe zeigte in der Zeit vom 24. bis
30. Juni (incl.) durchschnittlich:

	bei Sonnen-Aufgang	um 10 Uhr Vm.	um 3 Uhr Nm.	um 10 Uhr Abds.
a. in den Zimmern des Hospitals:	36,97	37,12	37,19	38,91
b. auf der Veranda:	36,71	40,29	43,59	40,54

Noch niemals hatte nach den übereinstimmenden Aussagen der
Eingeborenen eine derartige Hitze geherrscht**), und die Folgen
blieben natürlicherweise nicht aus. Sämmtliche Officiere und Mannschaften befanden sich in einem Zustande nervöser Erschöpfung,
und die Erkrankungen häuften sich so sehr, dass z. B. am 30ten
zwischen 5 und 10 Uhr Nachmittags nicht weniger als 28 Mann in
das Lazareth aufgenommen werden mussten. Gegen $\frac{1}{2}$10 Uhr
Abends erhob sich ein heftiger Landsturm, welcher die Temperatur
von 40,15 auf 34,65 herabdrückte, sodass gegen 12 Uhr sämmtliche Kranke wieder entlassen werden konnten***).

---

*) Die Temperatur im Schatten betrug z. Z. im Durchschnitte 34,3 °

**) Noch höhere Temperaturen beobachtete Barclay im Mai, Juni und
Juli 1859 zu Bandelakhand, wo das Thermometer in den grösseren Baracken
während des Tages auf 48, in den kleineren selbst bis auf 52 ° stieg und während der Nacht nicht unter 41 ° sank.

***) Sogar auf die Thiere erstreckte sich die nachtheilige Wirkung dieser
schrecklichen Hitze. Staples selbst sah zwei Doggen nach einer leichten Anstrengung todt niederstürzen, und in Fort Attock fielen eine ganze Anzahl von Pferden.
Ebenso gehen in Mexico alljährlich zahlreiche Maulthiere und Pferde an Hitz-

Eine in genetischer Beziehung etwas verschiedene Form des Wärmeschlags beobachtet man häufig auf Dampfschiffen und zwar vorzugsweise unter Heizern, Maschinisten, Köchen und Kellnern. Da hier zu den Sonnenstrahlen noch eine zweite Wärmequelle, die Feuerung unter den Kesseln hinzukommt, so übersteigt die Temperatur in den inneren Schiffsräumen regelmässig die der äusseren Luft noch um ein Beträchtliches. Neuerdings sind auf der deutschen Marine systematische Temperaturmessungen hierüber angestellt worden, aus welchen ich hervorhebe, dass auf der „Hertha", während ihres Aufenthaltes in den chinesischen Gewässern, die Temperatur im Maschinenraume auf 45° und in den Heizräumen sogar bis auf 59° stieg, während die Luftwärme nur 28° betrug[*]. Noch höhere Temperaturen beobachteten Roch[**]) und Ulrich[***]) im rothen Meere, und zwar giebt jener 53,9—64,9° für die Schiffsküche, dieser 67,0° für den Kesselraum an.

Unzweifelhaft bildet in allen den angeführten Fällen die hohe Temperatur der Luft das wesentlichste Moment bei der Entstehung des Wärmeschlages, und erscheint es mir daher geboten, an dieser Stelle das Wichtigste über die Einwirkung hoher Lufttemperaturen auf den thierischen Körper einzuschalten.

Sehr eingehende Untersuchungen hierüber verdanken wir Obernier. In der ersten Reihe seiner Versuche setzte derselbe Kaninchen in einen Wärmekasten, welchem vermittelst eines Blasebalges permanent frische (erwärmte) atmosphärische Luft zugeführt wurde. Bei den Versuchen I—VI wurden die Thiere ungefesselt in den Kasten gebracht, dessen Temperatur im Durchschnitt 39,1 (Ver-

---

schlag zu Grunde (Celle), und in New-York stürzten 1868 an einem einzigen Tage gegen 100 Pferde (Meissner). Ferner fielen in dem enorm heissen Juli 1868 zu St.-Louis tagtäglich 40—50 Omnibus-Pferde, sodass die Gesellschaften für gewisse Stunden den Betrieb vollständig aussetzen mussten. Auch in Europa ist zuweilen Aehnliches beobachtet worden, denn Mursinna erzählt: „Fast alle 100 Schritte lag ein Packpferd aufgetrieben und todt". Schliesslich sei hier noch erwähnt, dass auch Kameele und Elephanten nicht selten dem Hitzschlage zum Opfer fallen. So starben z. B. im Mai 1839, auf einem Marsche von Bukkur nach Dadur, von 600 Eingebornen, 13 Europäern und 4,500 Kameelen unterwegs 6 Europäer, 42 Farbige und 3,483 Kameele an Hitzschlag! —

[*]) Mar.-Ber. von 1875/76, S. 36.
[**]) l. c.
[***]) Deutsch. Mar.-Ber. 1874/75, S. 87.

such III und IV), 39,4 (Versuch I), 40,1 (Versuch VI) und 40,8
(Versuch V) betrug und in maximo 42,0 (IV — VI). 43,7 (I) und
45,0° erreichte. Der Tod der Thiere erfolgte frühestens nach
1 Stunde 40 Minuten (IV), spätestens nach 7 Stunden 28 Minuten
(V) und durchschnittlich in 3 Stunden 50 Minuten. In einer zweiten Reihe von Versuchen (VII — XVI incl.) wurden die Thiere (Kaninchen und Hunde) auf ein Brett gebunden, und die Körpertemperatur gemessen. Die Luftwärme im Kasten schwankte hierbei
zwischen 40,0 und 44,0°, die der Körperwärme zwischen 44,1 und
45,7° und der Tod erfolgte durchschnittlich in 2 Stunden 24 Minuten (Min. 1.32, Max. 4.5 h.), also in verhältnissmässig viel kürzerer
Zeit als bei den nicht gefesselten Thieren.

Die Erscheinungen, unter welchen die Thiere zu Grunde gingen, waren ganz genau dieselben, wie die bei den Insolationsversuchen, und die unmittelbar nach dem Tode vorgenommene Autopsie
ergab entweder vollständige Reactionslosigkeit oder auffallend
schnelles Erlöschen der faradischen Erregbarkeit des Herzmuskels
und des Zwerchfells, während die übrige Muskulatur noch längere
Zeit prompt und kräftig reagirte. Das rechte Herz und das gesammte Venensystem fand sich stark mit, zum Theil flüssigem, Blute
überfüllt, während der linke Ventrikel fest contrahirt erschien.

Der Befund stimmt demnach vollständig mit dem auf S. 59 ff.
geschilderten überein, und es erscheint mir daher nicht im Minde-
sten zweifelhaft, dass auch hier der Tod durch Wärmestarre des
linken Ventrikels erfolgt sei.

Mit diesen Obernier'chen Versuchen stimmen die von Claude
Bernard angestellten in allen wesentlichen Punkten überein, trotzdem letzterer mit enorm hohen Temperaturen (bis 120°) experimentirte. Ich sehe deshalb auch von einer eingehenderen Besprechung derselben ab, um noch kurz die Litten'schen Versuche
zu berühren, welcher die Einwirkung mässig hoher Temperaturen
(36 — 37°) an Meerschweinchen studirte. Die constanten Veränderungen, welche sich hierbei fanden, waren Verfettungen, die
frühestens nach 36 Stunden und zwar zuerst in der Leber auftra-
ten. Dann folgten das Herz und die Nieren (2te bis 3te Tag),
darauf die Respirationsmuskeln (Diaphragma und Intercostalmus-
keln) und schliesslich die andern quergestreiften Muskeln. Bei der
mikroskopischen Untersuchung waren die Veränderungen am deut-

lichsten an den Ventrikeln und Papillarmuskeln ausgeprägt, wo
vielfach der ganze Sarkolemmaschlauch derartig mit feinern und
gröbern Tröpfchen erfüllt war, dass von der contractilen Substanz
Nichts mehr erkennbar blieb.

Nachdem wir nun die Einwirkung hochtemperirter Luft auf
den thierischen Organismus kennen gelerrnt haben, bleibt noch zu
prüfen, wie sich der menschliche Körper diesen Einflüssen gegenüber erhalte. Schon Boerhave*) beschäftigte sich mit dieser
Frage, und gegen Ende des vorigen Jahrhunderts wurden von
G. Fordyce, Ch. Blagden und M. Dobson**) hierüber Versuche
angestellt, die jedoch für uns nur ein untergeordnetes Interesse besitzen, da die genannten Forscher mit extrem hohen Temperaturen
(97,9 — 105,6 °) experimentirten***). Immerhin geht aber daraus
hervor, dass schon ein relativ kurzer Aufenthalt (10 Minuten) in
einer überhitzten Atmosphäre (105,6 °) genügt, um die Körpertemperatur um mehrere Grade (2,2) zu steigern.

Ganz interessante Beobachtungen nach dieser Richtung hin
finden sich in den letzten Jahrgängen der deutschen Marine-Berichte
veröffentlicht, aus denen ich hier Einiges mittheile. An Bord der
„Vineta" wurde eine Reihe von Temperaturmessungen an 4 Heizer-
wachen (jede zu 8 Mann) angestellt, und zwar kurz vor und ³⁄₄ bis
1 Stunde nach Beendigung der 4stündigen Heizarbeit. Die Temperatur der äusseren Luft betrug 26,8 — 28,6⁰, die des Heizraumes

---

*) Elementa chemiae I, p. 148.

**) Philosoph. transact. vol. 65.

***) Welch hohe Temperaturen der menschliche Körper vorübergehend zu
ertragen vermag, zeigt folgende Thatsache: In der Grube „Hohenlohe" (Kreis
Kattowitz) brennt seit einer Reihe von Jahren ein Kohlenflötz. Zur Sicherung
der Grube wurde es im Jahre 1869 nothwendig, eine, in unmittelbarer Nähe
des Feuerheerdes stehende, Mauer zu durchbrechen. Um zu der betreffenden
Stelle aus einem Seitenstollen zu gelangen, mussten die Arbeiter noch eine
Strecke von ca. 150 Schritt zurücklegen, in welcher eine derartige Temperatur
herrschte, dass die Quecksilber-Thermometer gesprengt, die ‚Unterstützungshölzer'
gebräunt wurden, und dass die eisernen Grubenlampen nicht mehr mit blossen
Händen gehalten werden konnten. Sobald jeder Arbeiter einige Schläge gegen
die, an einzelnen Stellen bereits leuchtende, Mauer gethan hatte, eilte er möglichst schnell in den Seitenschacht zurück und erst hier, wo noch immer eine
relativ hohe Temperatur herrschte, brach der Schweiss in Strömen hervor, während vorher die Haut vollständig trocken geblieben war. — (Nach mündlicher
Mittheilung des Berg-Ingenieurs Dr. Braumüller.)

38,6 — 41,5°, und die Eigenwärme der Leute stieg durchschnittlich auf 38,0 — 38,2 (Maximum 38,8°). Nach Verlauf von $^3/_4$ — 1 Stunde zeigte das Thermometer noch 37,7 — 37,8°, und erst nach ungefähr 2 Stunden kehrte die Körpertemperatur zur Norm zurück[*]).

Derartige Temperaturen wie die auf Seite 68 angeführten kommen in gemässigten Breiten selbstverständlich niemals vor, und desshalb gelangt auch bei uns der Wärmeschlag nur ganz ausnahmsweise zur Beobachtung[**]). Die Temperaturen, bei welchen der Hitzschlag in unsern Breiten auftritt, liegen, wie aus der nachfolgenden Tabelle ersichtlich ist, wenig über 20° R.

Tag und Jahr	Stunde der Beobachtung	Barometerstand (reducirt auf 0°).	Thermometer nach R.	Relativer Feuchtigkeitsgehalt in $^o/_{oo}$.	Dunstdruck	Wind-		Beschaffenheit des Himmels	Bemerkungen.
						Richtung	Stärke		
1. 9. 1867	8	318,16	17,4	—	6,6	—	—	leicht bewölkt, Nachm. heftiges Gewitter.	Gegen 2 Uhr 5 bis 6 Fälle von Hitzschlag (Ullmann).
	2	318,04	20,6	—	7,2	—	—		
	6	317,85	19,2	—	7,1	—	—		
8. 6. 1876	7	325,26	15,3	86,0	6,1	NW	1	hell wolkig 2 dünn-bedeckt	Am 6., 7. und 8ten mehrere Gewitter im Anzuge, Nachmittag 1½ Uhr ein Fall von Hitzschlag (Ullmann).
	2	324,36	20,3	55,0	5,6	NW	2		
	9	323,01	15,4	86,0	5,1	—	—		

[*]) Noch höhere Temperaturen (39,6°) wurden einmal bei zwei Heizern der „Ariadne" nach Ablauf der 4stündigen Heizarbeit beobachtet. Mar.-Ber. von 1877/78, S. 56.

[**]) Baer theilt nachstehenden eigenthümlichen Fall mit, welcher gewissermassen einem, am Menschen angestellten Experimente gleicht. Eine schwächliche, vor wenigen Wochen entbundene Frau wurde zur Beseitigung eines rheumatischen Leidens in ein, mit Ziegelsteinen durchwärmtes und mit heissen Steinen umsetztes Bett gebracht, und musste, während das Zimmer stark geheizt wurde, stündlich ein volles Quart heissen Wassers austrinken. Nach dem Genusse des 7ten Quartes war die Frau eine Leiche. Eine Section wurde leider nicht gemacht.

Tag und Jahr	Stunde der Beobachtung	Barometerstand (reducirt auf 0°).	Thermometer nach R.	Relativer Feuchtigkeitsgehalt in %.	Dunstdruck	Wind-		Beschaffenheit des Himmels	Bemerkungen.
						Richtung	Stärke		
14.7. 1876	7	325,89	15,2	86,0	5,9	Stille	—	dünn-wolkig 2	Nm. 4 Uhr ein Gewitter im Anzuge, welches nicht zum Ausbruche kam. — Abends 8 Uhr ein Fall von Hitzschlag (Ullmann).
	2	325,10	21,4	54,0	5,9	W	1	wolkig	
	9	325,50	17,4	69,0	5,6	—	—	wolkig 3	
10.6. 1876	8	335,95	18,6	60.0	—	S	mässig	hell, klar	Gegen 1 Uhr sechs Fälle von Hitzschlag, ausserdem noch viele „Marode" (Siedamgrotzky).
	12	334,84	22,4	47,0	—	SO	frisch	hell, klar	
12.6. 1876	8	335,02	19,2	62,7	—	O	flau	hell, wolkig	Gewitter und Regen im Süd. Gegen 12 Uhr ein Fall von Hitzschlag (Siedamgrotzky).
	12	334,81	19,2	55,7	—	NO	mässig	hell	
22.7. 1878	6	337.48	14,4	79.0	3,37	O	schwach	ganz heiter	Max. Nm. 22,4° R., vom 21. bis 25 ten Himmel ohne alle Wolkenbedeckung; seit dem 19 ten kein Regen. Gegen 12 U. zwei tödtliche Fälle von Hitzschlag beim 3. Garde-Reg.
	2	336.86	21,2*)	42.0	4,82	O	„	„	
	10	336,11	18,9	39,0	3,67	SO	„	„	

Die hohe Temperatur der atmosphärischen Luft kann mithin beim Hitzschlage unmöglich das ausschliesslich Wirksame sein, und müssen wir deshalb bei der Aetiologie des Hitzschlages noch eine andere Wärmequelle und zwar die Muskelthätigkeit in Betracht ziehen. Während eines längeren Marsches wird von dem mit Waffen und Gepäck belasteten Soldaten*) eine enorme Summe von Muskel-

---

*) Diese Belastung beträgt im Durchschnitt bei kriegsmässiger Ausrüstung 27,5, mit Schanzzeug sogar bis 33,5 Kilogrm. (Militair. Bl. XXIV, S. 250.)

kraft producirt. Die physiologischen Erscheinungen dieser gesteiger-
ten Muskelthätigkeit sind, abgesehen von der geleisteten mechanischen Arbeit und den im Muskelgewebe sich abspielenden chemischen Processen*): 1. Vermehrung der Puls- und Respirationsfrequenz, 2. Erhöhung der Körpertemperatur und 3. mehr oder minder
deutlich ausgesprochene Ermüdung**). So beobachtete ich nach
einstündigem, gewöhnlichen Marschiren (110 — 112 Schritt in der
Minute und bei einer 15° C. nicht übersteigenden Lufttemperatur)
durchschnittlich eine Steigerung der Körperwärme um ca. 0,5° und
eine Vermehrung der Pulsfrequenz um etwa 25 Schläge in der
Minute. Dagegen fand Obernier nach einem Geschwindmarsche
(135—140 Schritt in der Minute und bei 17° im Schatten) von
der Dauer 1 Stunde und 38 Minuten eine Steigerung der Körperwärme um 1,2° und in einem Falle von excessiver Muskeltätigkeit
sah derselbe die Körpertemperatur innerhalb einer Stunde bis auf
39,6° (in ano) ansteigen. Das betreffende Individuum, ein 34jäh-
riger Schnellläufer von kleiner Statur und ziemlich kräftiger Muskulatur, legte bei einer Temperatur von 16,2° und windiger, regne-
rischer Luft eine Strecke von ungefähr 15 Kilometer in einer Stunde
zurück. Bei seiner Ankunft waren die Kleider zum Ausringen
feucht, die Pulsfrequenz betrug 120 Schläge und die Respiration
33 Athemzüge in der Minute.

Bekanntlich entstammt die thierische Eigenwärme fast ausschliesslich den im Muskelgewebe sich abspielenden chemischen
Processen, denn die analogen Vorgänge in den parenchymatösen
Organen, sowie die mechanische Reibung der Muskeln, Sehnen u. s. w.
sind hierbei von untergeordneter Bedeutung. Diese Oxydations-
processe im Muskelgewebe gehen zwar ununterbrochen von Statten,
nehmen jedoch nach den Untersuchungen von Senator***) in dem-

---

*) Während der Thätigkeit verbraucht der Muskel mehr Sauerstoff, scheidet
mehr Kohlensäure aus und wird saucr (Fleischmilchsäure).

**) Die Muskelthätigkeit dauert so lange, als die Reizung währt resp. bis
die Muskelsubstanz verbraucht ist. Der Ersatz der verbrauchten Substanz geschieht durch das Blut, kann jedoch bei bedeutender Anstrengung nicht gleichen Schritt mit dem Verbrauche halten: es tritt Herabsetzung der Erregbarkeit
(bei gleichzeitig saurer Reaction) oder „Ermüdung“ ein. Vgl. Hermann, l. c.

***) Ueber Wärmebildung und Stoffwechsel im gesunden und fieberhaften
Zustande. Centralblatt f. d. med. Wissensch. 1871, No. 47 und 48.

selben Verhältnisse zu, in welchem die dynamische Leistung gesteigert wird. Etwa ⅓ der erzeugten Wärme wird in Arbeit umgesetzt, während die übrigen ⅔ disponibel bleiben und zur Erwärmung des Körpers verwandt werden (Meyer).

Bei excessiver Muskelarbeit müsste sich demnach, zumal an heissen Tagen, die Eigenwärme sehr bald zu einer gefahrdrohenden Höhe anstauen, wenn der Körper nicht im Stande wäre, sich der überschüssigen Wärmemengen wieder zu entledigen. Die dem Organismus für diesen Zweck zu Gebote stehenden Mittel sind: Verminderung der Wärme-Einnahmen und Vermehrung der Wärme-Ausgaben.

Es ist ja selbstverständlich, dass die erhöhte Eigenwärme sofort wieder sinken muss, sobald die Ueberproduction aufhört, und dem entsprechend konnte ich nach einstündigen Ruhepausen meist ein Zurückkehren der Körperwärme zur Norm constatiren, vorausgesetzt, dass die Temperatursteigerung 1° nicht wesentlich überschritt. Höhere Temperaturen wie z. B. 39,0° brauchten indessen schon mindestens 2 Stunden zur vollständigen Ausgleichung. Leider können derartige Ruhepausen dem Soldaten während des Marsches nicht nach Bedürfniss, sondern nur zu gewissen Zeiten („Rendezvous“) gestattet werden, sodass die auf diese Weise erzielte Abkühlung unter Umständen sehr gering ausfallen kann.

Viel wichtiger als die verminderte Wärmeproduction ist die vermehrte Wärmeabgabe, und in dieser Beziehung ist die Strahlung von der freien Körperoberfläche als einer der mächtigsten Wärmeregulatoren anzusehen. Wie schon früher erwähnt wurde, gehen bei einer Aussentemperatur von 0° nicht weniger als 75°/₀₀ der Körperwärme verloren. Je kleiner nun die Differenz zwischen der Aussentemperatur und der Eigenwärme ist, desto geringer wird natürlicherweise die Wärmeabgabe, aber auch selbst dieser Ausfall kann noch durch andere Vorrichtungen bis zu einem gewissen Grade compensirt werden. Bekanntlich erzeugen mässig hohe Lufttemperaturen anfänglich ein allgemeines Wärmegefühl und ein gewisses Wohlbehagen. Der Puls wird voller, frequenter, die Zahl der Athemzüge steigt, das Gesicht beginnt, sich zu röthen, die gesammte Haut zeigt eine stärkere Turgescenz, wird allmählig feucht und schliesslich bricht ein mehr oder minder reichlicher Schweiss aus. Durch den grösseren Blutreichthum der äusseren Haut wird selbst-

verständlich die Wärmeabgabe wesentlich gesteigert, und dadurch,
dass in Folge der beschleunigten Herzthätigkeit das Blut innerhalb
einer gewissen Zeiteinheit öfter an der kälteren Hautoberfläche vor-
übergeführt wird, muss gleichzeitig eine energischere Abkühlung
erzielt werden. Das Missliche hierbei ist der Umstand, dass gerade
dieser mächtigste Wärmeregulator unter ungünstigen Verhältnissen
nur eine beschränkte Thätigkeit zu entfalten vermag. Zunächst
ist die Dauer seiner Leistungsfähigkeit eine ziemlich eng begrenzte,
da wir aus den Versuchen an Thieren wissen, dass die Triebkraft
des Herzens schon nach relativ kurzer Zeit zu erlahmen beginnt.
Ausserdem übt das Verhalten der Atmosphäre, vor allen Dingen
der Feuchtigkeits-Gehalt derselben, einen grossen Einfluss auf die
Wärmestrahlung aus*), und schliesslich sind noch die Hindernisse
zu erwähnen, welche die militärische Bekleidung der Wärmestrahlung in den Weg legt. Bekanntlich marschiren die Soldaten
meistentheils im Waffenrocke, und da dieser als wollener Stoff
ein schlechter Wärmeleiter ist, so dürfte die Wärmeabgabe durch
die Uniform hindurch nicht hoch zu veranschlagen sein. Ueberdies wird die, für die Wärmestrahlung nutzbare Körperoberfläche
durch den eng anliegenden Tornister, gerollten Mantel, Brodsack,
Schanz- und Riemenzeug noch ganz beträchtlich verkleinert.

Das über die Wärmestrahlung der Haut Gesagte gilt selbstverständlich auch für die Oberfläche der Lungen, wenngleich
die auf diesem Wege eliminirten Wärmemengen beträchtlich hinter
jenen zurückbleiben.

Der Wärmeverlust durch Aufnahme kalten Getränkes
kommt auf dem Marsche vielfach so gut wie gar nicht in Betracht,
und so hätten wir demnach nur noch einen einzigen, allerdings
sehr wichtigen Wärmeregulator zu besprechen — die Verdunstung
des abgesonderten Schweisses**). Die Menge desselben kann

---

*) Ich komme auf diesen Punkt weiterhin noch einmal zurück und be-
merke hier nur, dass klarer Himmel und trockne Luft die Strahlung begünsti-
gen, grosser Feuchtigkeits-Gehalt der Athmosphäre sie in hohem Grade beeinträchtigt. Vgl. Mohn, H., Grundzüge der Meteorologie. Berlin, 1875, S. 17.

**) Die Secretion des Schweisses wird nach Hermann begünstigt durch
Alles, was den Druck in den Capillaren der Schweissdrüsen steigert, hauptsächlich durch erhöhte Temperatur des Körpers und seiner Umgebung. Ob
die, durch die Wärme bedingte Erweiterung der Arterien als Lähmung der

unter Umständen innerhalb einer Stunde 1600 Grm und mehr betragen (Favre) und ist während eines längeren Marsches jedenfalls sehr bedeutend, da wir häufig genug sehen, wie den Mannschaften der Schweiss „stromweise" niederrinnt, und dass die Kleidungsstücke „zum Ausringen" nass sind. Durch die Verdunstung des Schweisses werden dem Körper ganz bedeutende Wärmemengen entzogen*), und die Intensität der Abkühlung ist, caeteris paribus, von der Menge des abgesonderten Schweisses und von der Schnelligkeit der Verdunstung abhängig. Von einer grösseren Fläche verdunstet selbstverständlich in ein und derselben Zeit mehr wie von einer kleinern, und deshalb kann es unter Umständen von Bedeutung sein, ob den Mannschaften das Oeffnen der Uniform gestattet wird oder nicht.

Auf die Schnelligkeit der Verdunstung übt die Bewegung und der Wassergehalt der atmosphärischen Luft den grössten Einfluss aus. Je schneller die mit Feuchtigkeit gesättigten Luftschichten vom Winde entführt und durch neue ersetzt werden, je trockner die Luft an und für sich ist, desto rascher geht natürlich die Verdunstung vor sich und desto energischer fällt die Abkühlung aus.

Unterschiede von 1 %/00 in der relativen Feuchtigkeit bringen nach Weyrich schon bemerkbare Aenderungen in der Körperausdünstung hervor, d. h. die Verdunstung geht desto langsamer von Statten, je mehr sich der Feuchtigkeits-Gehalt der Luft dem Sättigungsgrade nähert. An Tagen, wo ersterer sehr hoch ist — bei sogenanntem „schwülen Wetter" — kann daher die, durch Verdunstung erzielte Abkühlung relativ unbedeutend sein, trotzdem die Leute wie im Schweiss gebadet erscheinen**).

Eine besonders wichtige Stelle spielt der Feuchtigkeits-Gehalt der Luft in den Tropenländern. So kommen, nach den übereinstimmenden Berichten von Gordon, Longmore, Brougham u. A.,

---

gefässverengernden oder als gesteigerte Thätigkeit der gefässerweiternden Nerven aufzufassen sei, ist noch nicht hinreichend festgestellt.

*) Wenn Wasser bei 0° verdunstet, sind 607, bei 100° dagegen nur 537 Wärmeeinheiten erforderlich, um 1 Kilogrm. Wasser in Dampf zu verwandeln. Vgl. Mohn, S. 66.

**) Nach Pettenkofer beträgt die durchschnittliche Wärmeabgabe eines Mannes innerhalb 24 Stunden 274.000 Calorien bei warmer trockner, dagegen nur 105.000 bei warmer feuchter Luft.

die meisten Fälle von Wärmeschlag kurz vor Beginn der Regen-
periode vor, also zu einer Zeit, wo die Luft mit Wasserdampf nahe-
zu gesättigt ist. Ebenso tritt die Krankheit in Nordamerika
(Dowler, Levick, Swift), in Peru (Tschudi) am häufigsten
bei einer mit Feuchtigkeit überladenen Atmosphäre und in den
La-Plata-Staaten zur Zeit der feuchtwarmen Nord- und Nordost-
winde (Brunel) auf. Auch in Constantinopel zeigt sich, wie Rigler
berichtet, die Krankheit vorzugsweise beim Wehen der feuchten
Südwinde, in Italien zur Zeit des Sirocco und in Spanien beim
Wüthen des Solano*).

Ganz denselben nachtheiligen Einfluss übt eine künstlich hoch
temperirte und mit Wasserdämpfen geschwängerte Atmosphäre
aus. So beobachteten Levick und Bauemler das Auftreten der
Krankheit unter den Arbeitern einer Zuckerraffinerie in Philadelphia,
und Swift sah 11 Fälle von Wärmeschlag bei Personen, welche
in einer Waschküche zu New-York beschäftigt waren.

Aus den angeführten Beispielen dürfte zur Genüge hervorgehen,
von welcher hohen Bedeutung der Feuchtigkeitsgehalt der Atmosphäre bei der Entstehung des Wärmeschlags ist, und wenn wir
auch zur Zeit nur wenige exacte meteorologische Beobachtungen
darüber besitzen, so beweisen doch die im 2. Kapitel mitgetheilten
Ereignisse, sowie die auf S. 72. befindliche Tabelle aufs Deutlichste,
dass ein hoher Wassergehalt der atmosphärischen Luft auch in
unserm Klima für das Auftreten des Hitzschlags von grosser Wichtigkeit ist.

Die Verdunstung des Schweisses kann aber noch auf eine andere Weise verringert sein und zwar in Folge von ungenügender
Absonderung oder durch gänzliches Versiegen der Schweisssecretion. Wie bereits früher erwähnt wurde, beträgt unter
Umständen die Menge des in einer Stunde abgesonderten Schweisses
mehrere Pfunde und ist es daher begreiflich, dass während des
Marsches, zumal wenn die vermehrten Ausgaben nicht durch Zu-
fuhr entsprechender Wassermengen ersetzt werden, schliesslich ein
Zeitpunkt eintreten muss, wo wegen Eindickung des Blutes eine
weitere Abgabe nicht mehr möglich ist. Versiegt die Schweiss-

---

*) Aus solchen lokal wehenden Winden erklärt Hirsch das, zuweilen
auf einen ganz engen Raum beschränkte Auftreten der Krankheit.

absonderung aber gänzlich, so schliesst sich damit das letzte Sicherheitsventil: die Körperwärme steigt rapide an und der Betreffende stürzt unter den Erscheinungen des Hitzschlages zusammen *).

Im Anschlusse an die Besprechung der atmosphärischen Einflüsse will ich noch eines anderen Momentes erwähnen, auf welches früher ein ganz besonderes Gewicht gelegt wurde — die Electricität der Luft. Bereits Riecke sagt darüber: „Es steht also fest, dass an jenen Tagen eine ungewöhnliche Hitze, und was noch wichtiger, ein ungewöhnliches Verhältniss in der Luft stattgefunden hat". Ebenso machen verschiedene andere Beobachter, neuerdings noch Macdonald und Thin, auf die starke electrische Spannung der Atmosphäre aufmerksam, und auch in der Witterungstabelle auf S. 72. findet sich mehrfach dasselbe notirt. Die Beobachtung an und für sich ist unzweifelhaft richtig, nur fragt es sich, ob und welchen Einfluss dabei die Electricität der Luft auf den menschlichen Körper ausübt, speciell welche Rolle dieselbe bei der Entstehung des Hitzschlags spielt. Wenn wir offen sein wollen, so müssen wir zugestehen, dass wir über diesen Punkt so gut wie gar Nichts wissen, und wäre es deshalb auch müssig, darüber noch weitere Reflexionen anzustellen.

In dasselbe Gebiet der Hypothesen gehört nach meiner Auffassung die Lehre von der Luftverdünnung. Es ist ja unzweifelhaft, dass erwärmte Luft einen grösseren Raum einnimmt als kältere, und, theoretisch construirt, müsste man, um dem Körper dieselbe Sauerstoffmenge zuzuführen, in heisser Luft häufiger, bez. tiefer athmen als in einer kälteren Atmosphäre. Ich glaube indessen kaum, dass dies Moment wirklich von grossem Einflusse auf die Respirationsthätigkeit werden könne, und bin deshalb auch nicht geneigt, demselben eine sonderliche Bedeutung beizumessen.

Ungleich viel wichtiger als die quantitative ist die qualitative Luftveränderung. Nach den Erfahrungen der englischindischen Aerzte tritt der Wärmeschlag am häufigsten in schlecht ventilirten oder überfüllten Räumen auf, wie dies Butler mit

---

*) Auch mit der Respirationsluft wird bekanntlich Wasser ausgeschieden. Da aber die Menge desselben durchschnittlich nur ungefähr 500 Grm. innerhalb 24 Stunden beträgt, so dürfte die auf diese Weise erzielte Abkühlung nicht sonderlich in Betracht kommen.

folgenden Worten ausspricht: „Assuredly those barracks the most crowded, least ventilated, and worst provided with punkahs and other appliances to moderate excessive heat, furnished the greatest number of fatal cases". Besonders deutlich tritt dieser Umstand auf Schiffen hervor und Texier betont ausdrücklich, dass die 4 tödtlich verlaufenden Fälle auf der „Garonne" sämmtlich Personen betrafen, welche sich den ganzen Tag über in den unteren Schiffsräumen aufgehalten hatten. Am bestimmtesten äussert sich hierüber Roch, indem er sagt: dass die Fälle, welche am 26—28. Mai an Bord vorkamen, durch die Stagnation der Luft bedingt waren, geht erstens daraus hervor, dass die Krankheit aufhörte, sobald des Schiff in See stach, und zweitens daraus, dass kein weiterer Fall bis zur Rückkehr in den Hafen vorkam, trotzdem das Thermometer auf hoher See nicht niedriger als früher stand*). Ganz speciell macht Roch noch darauf aufmerksam, dass dort, wo gute Ventilation herrschte, wie z. B. in der Küche und im Maschinenraume, keine Erkrankungen vorkamen, ungeachtet hier die Temperatur erheblich höher (in der Küche 53,9—64,9, im Maschinenraum 53,9°) als in den Krankensälen (26.4—31,9°) war**).

Doch nicht allein in geschlossenen Räumen, sondern auch auf dem Marsche machen sich derartige Verschlechterungen der Luft fühlbar, und Jeder, welcher einmal an der Queue einer dicht geschlossenen Infanterie-Colonne marschirt hat, wird aus eigener Erfahrung wissen, wie unangenehm sich dort der Staub und der Geruch der menschlichen Ausdünstungen bemerkbar machen. Dieser

---

*) Morgens 8 Uhr 31,07, Mittags 32,17°.

**) Zu welchen schrecklichen Catastrophen die Zusammenhäufung von Menschen in ungenügend ventilirten Räumen führen kann, beweisen folgende Thatsachen: Am 11. Mai 1577 wurde zu Oxford ein Process gegen einen Buchdrucker wegen Majestätsbeleidigung verhandelt. Die Luft in dem engen und erdrückend gefüllten Sitzungssaale war so schlecht und erstickend heiss, dass fast sämmtliche Anwesende — ausgenommen diejenigen, welche sich in der Nähe eines geöffneten Fensters befanden — danach erkrankten resp. starben Nach der Schlacht bei Austerlitz (1805) sperrte man 300 russische Gefangene, um sie vor der Kälte zu schützen, in eine Höhle ein, wie man sie in Mähren so häufig findet. Gegen Mitternacht ertönte ein entsetzliches Geschrei, man sprengte die Thüren, „und 40 dieser Unglücklichen stürzten heraus, mit Schaum und Blut bedeckt, die ihen aus dem Munde flossen … Die übrigen 260 waren bereits todt oder dem Tode nahe". — Ozanam, 1, S. 46 ff.

Uebelstand tritt besonders bei vollkommener Windstille, beim Passiren langgestreckter Hohlwege und dichter Kieferschonungen, kurz überall da hervor, wo die Luftcirculation mehr oder minder . behindert ist.

Auch die Bodenbeschaffenheit kann unter Umständen für die Genese des Hitzschlags von Bedeutung werden, indem dürre Sandflächen und nacktes oder vegetationsarmes Gestein sich schnell erwärmen und die Wärmestrahlen leicht und vollständig reflectiren, was mir namentlich auf den Märschen durch die Champagne aufgefallen ist.

Ausser den angeführten atmosphärischen und terrestrischen Einflüssen sind noch eine Reihe anderer Momente hervorzuheben, welche für die Entstehung dieser Krankheiten von grösserem oder geringeren Belange sind. Hierbei ist in erster Reihe die Akklimatisation zu nennen, denn es steht ganz unzweifelhaft fest, dass in den wärmeren Ländern die kürzlich Eingewanderten am meisten gefährdet sind. So erwähnt Levick, dass sämmtliche, im Sommer 1858 im Hospital zu Philadelphia Behandelten, Ausländer gewesen seien, und Pirrie hebt hervor, dass in Ostindien vorzugsweise die eben aus Europa angelangten Soldaten erkranken, dass ferner die schon Akklimatisirten seltener und nicht so heftig befallen werden, und dass schliesslich die in Indien geborenen Kinder weniger zur Erkrankung disponiren, als die aus Europa Herübergekommenen.

Dieser Einfluss der Akklimatisation macht sich sogar schon in den gemässigteren Breiten bemerkbar, denn Ziermann erwähnt, dass auf Sicilien die Fälle von Sonnenstich entschieden seltener wurden, als sich die englischen Truppen auf der Insel erst etwas eingelebt hatten. Von einer wirklichen Immunität kann selbstverständlich weder bei den Akklimatisirten, noch bei den Eingeborenen die Rede sein, wenngleich die letzteren, wie die nachfolgende Tabelle ergiebt, ungleich viel seltener erkranken*):

---

*) Nach den englischen Armeeberichten.

Jahr	Land	a. Weisse Truppen			b. Farbige Truppen		
		Kopfstärke	Erkrankungen	In °/₀₀₀	Kopfstärke	Erkrankungen	In °/₀₀₀
1859—73.	West-Indien	13.871	2 (1)	0,11	5.791	1	0,17
„	Jamaika	11.346	4 (1)	0,35	10.142	1 (1)	0,09
„	Ceylon	13.052	16 (2)	1,22	17.811	1	0,05
„	Süd-China	19.837	55 (16)	2,77	16.156	4 (2)	0,24
1860—63.	Nord-China	10.957	86 (24)	7,84	3.782	2	0,52
		69.063	163 (44)		53.682	9 (3)	

In Summa betragen somit die Erkrankungen unter den Weissen 2,36 p. m., während die Morbidität unter den farbigen Truppen nur 0,16 auf Tausend erreicht*). Danach zu urtheilen, scheinen die Eingeborenen unzweifelhaft eine gewisse Immunität gegen die in Rede stehenden Krankheiten zu besitzen, obgleich auch Beobachtungen bekannt sind, in denen die einheimischen Truppen in grösserer Zahl erkrankten als die Europäer. So sah z. B. Martin während des ersten Birmanenkrieges die Eingeborenen am 12. Mai schaarenweis von den Pferden stürzen, während kein einziger der europäischen Officiere erkrankte.

Unter den allgemeinen Prädispositionen scheint das Geschlecht eine hervorragende Rolle zu spielen. Schon in Folge ihrer, mehr an das Haus gebundenen Lebensweise sind die Frauen viel weniger den Gefahren des Sonnenstiches ausgesetzt, und

---

*) Im Gegensatz hierzu erkrankten im amerikanischen Secessionskriege die schwarzen Truppen häufiger als die weissen, denn jene zeigen eine Morbidität von 3,05 p. m. (583 Krankheitsfälle bei einer Kopfstärke von 190.934 Mann), diese dagegen nur von 2,74 p. m. (6.617 Erkrankungen bei 2.413.642 Mann Truppenstärke). Wahrscheinlich erklärt sich dieser Widerspruch dadurch, dass die farbigen Truppen ausschliesslich in den südlicheren Departements, Virginia, North-Carolina, South u. s. w. operirten.

kann es uns desshalb auch nicht wundern, wenn sich das Verhältniss der Erkrankungen zwischen dem männlichen und weiblichen Geschlechte bei der 1878 in St. Louis herrschenden Epidemie wie 6:1 herausstellt. Noch auffallender scheint diese Differenz in Indien hervorzutreten, denn Gordon erwähnt, dass unter ungefähr 90 Frauen beim 10. Regiment binnen 12 Jahren kein einziger Fall von Wärmeschlag beobachtet worden sei. Die Ursache hiervon sucht genannter Autor in der häuslichen Lebensweise der Frauen, eine Erklärung, welche nach meinem Dafürhalten wenig stichhaltig sein dürfte. Mir will es erscheinen, als ob der Grund in der geordneten und vor allen Dingen in der nüchternen Lebensweise liege, welche die verheiratheten Frauen im Allgemeinen führen und die wiederum eine grössere Widerstandsfähigkeit gegen schädliche Einflüsse, besonders aber eine grössere Leistungsfähigkeit des Gefässsystems und des Herzmuskels bedingt.

Auch das Lebensalter ist für die Häufigkeit und Form der Erkrankung von Bedeutung. Eine unbedingte Immunität gewährt weder das zarteste Säuglings-, noch das hohe Greisenalter, wenngleich die meisten Erkrankungen in die Zeit des kräftigen Mannesalters fallen. So befanden sich unter den 16. im Sommer 1868 von Hutchinson behandelten Kranken, kein einziger unter zwanzig Jahren*), und von den 172 im verflossenen Sommer zu St. Louis Verstorbenen betrug das Durchschnittsalter ungefähr 40 Jahre (5 Jahre über dem Durchschnittsalter). Unter diesen 172 befanden sich ferner 20 Kinder unter 10 Jahren und 2 Leute zwischen 10 und 20 Jahren.

Eine Zusammenstellung der 72 Todesfälle bei der deutschen Armee nach dem Lebensalter, ergiebt folgendes Verhältniss:

Vor dem 20. Lebensjahre 5,
im 20—21. „ 6,
„ 21—22. „ 9,
„ 22—23. „ 26,
„ 23—25. 23,
„ 25—30. „ 2,
nach dem 30. „ 1.

---

*) Von diesen 16 Erkrankten war nur eine weiblichen Geschlechts, eine Irländerin, die in Amerika vielfach zu schweren Arbeiten verwendet werden.

Bestimmte Schlüsse hieraus ziehen zu wollen, wäre indessen
etwas voreilig, da gerade die Altersklassen vom 23.—25. Lebensjahre am zahlreichsten in der Armee vertreten sind. Eher schon
könnte man der nachfolgenden Aufstellung nach dem Dienstalter
eine gewisse Bedeutung zugestehen, zumal daraus hervorzugehen
scheint, welch erheblichen Einfluss die Gewöhnung an den militairischen Dienst ausübt. Von den 70 Gestorbenen — bei zweien
fehlen die betreffenden Angaben — standen nämlich

im 1. Dienstjahre 35 (47,3 $°/_{00}$)

„ 2. „ 22 (29,7 „)

„ 3. „ 10 (13,9 „)

und darüber 3 (4,1 „).

Auch auf die Form der Erkrankung lässt sich, wie bereits
angedeutet wurde, ein gewisser Einfluss des Lebensalters nicht verkennen. Im Kindesalter überwiegt entschieden der Sonnenstich, in
den 20—40er Jahren tritt, besonders in unserem Klima, der
Hitzschlag in den Vordergrund, und im höheren Lebensalter
macht sich eine ausgesprochene Neigung zu Gehirnapoplexieen bemerkbar.

Was die Beschäftigung und Lebensstellung anbelangt,
so ist es eigentlich selbstverständlich, dass in den grossen militairischen Staaten, der Soldatenstand das grösste Contingent zu den
Erkrankungen an Hitzschlag liefert. In zweiter Reihe werden Heizer,
Maschinisten, Köche und Kellner auf Dampfschiffen vom Wärmeschlag befallen, und in dritter Reihe ist es die ländliche Bevölkerung, welche zur Zeit der Ernte unter den Einwirkungen der glühenden Sonnenhitze zu leiden hat. Im Grossen und Ganzen sind
es jedoch die ärmeren, schwer arbeitenden Klassen, welche am
häufigsten diesen Krankheiten zum Opfer fallen, wenngleich unter
Umständen, wie z. B. bei den Epidemieen in Indien, weder Rang
noch Lebensstellung vor Erkrankung schützen*).

Im Anschlusse hieran ist die Körperconstitution zu erwähnen, welche namentlich bei der Genese des Hitzschlags bedeutungsvoll ist. Bereits Barclay sagt: „The subjects of sunstroke

---

*) Unter den 16, schon vorhin erwähnten Kranken Hutchinson's befan-
den sich 1 Amerikaner, 2 Engländer, 3 Deutsche und 10 Irländer, welche
bekanntlich in Amerika am meisten und schwersten arbeiten.

wcre, for the most part, and specially at first, some of the stoutest and most muscular men in the regiment", eine Beobachtung, die ich aus eigner Erfahrung bestätigen kann *). Die Erklärung hierfür ist einfach die, dass grosse und kräftige Menschen zur Fortbewegung ihres Körpers eine bedeutendere Muskelkraft brauchen und dem gemäss auch mehr Wärme produciren als kleinere, während bei beiden, worauf Kirchner aufmerksam macht, die Wärmeregulatoren wegen der annähernd gleichen Körperoberfläche ziemlich dieselben sind **).

Mit der Körperconstitution und mit der, während des Marsches geleisteten Muskelarbeit hängt wiederum die verschiedene Prädisposition zusammen, welche die einzelnen Waffengattungen zur Erkrankung an Hitzschlag zeigen.

Es vertheilen sich nämlich die in den Jahren 1867 — 1874 in der deutschen Armee vorgekommenen 72 Todesfälle ***) an Hitzschlag in folgender Weise auf die einzelnen Truppengattungen:

Jahr	Infanterie	Cavallerie	Artillerie	Pioniere	Train	Zahl der Gestorbn.
1867	4	—	2	—	—	6
1868	34	2	1	1	—	38
1869	6	—	—	—	—	6
1870	—	—	—	—	—	—
1871	1	—	—	—	—	1
1872	15	—	2	—	—	15
1873/74	4	—	—	—	—	4
	64	2	5	1	—	72

*) Auch in den Obernier'schen und Ullmann'schen Fällen waren die Verstorbenen besonders kräftige Leute, und unter den Todten des 58. Inf.-Reg. war der Gefreite V. „ein ungeheuer kräftiger Mensch, welcher ununterbrochen seinen erkrankten Kameraden die grösstmöglichste Hülfe geleistet hatte" (Ockel).

**) Die Leistungsfähigkeit der Wärmeregulatoren unterliegt naturgemäss grossen individuellen Schwankungen. So betrug z. B. bei 4 Heizern, welche 4 Stunden lang dieselbe Arbeit in einer Atmosphäre von 57° verrichteten, die Körpertemperatur nach Beendigung der 4stündigen Heizarbeit 37,9, 38,5, 39,6 und 39,6°. Deutsch. Marine-Ber. von 1877 78.

***) Leider ist aus den betreffenden Rapporten nicht gleichzeitig die Zahl der Erkrankten ersichtlich.

Auf je 1000 Mann der Truppenstärke kommen somit bei der
Infanterie 0,17, bei der Cavallerie 0,02, bei der Artillerie*) und
bei den Pionieren 0,08 Fälle.

Dies seltenere Vorkommen des Hitzschlages bei der Cavallerie
erklärt sich daraus, dass die Cavallerie auf dem Marsche eine viel
geringere Muskelthätigkeit entwickelt, und nie so geschlossen marschirt als die Infanterie, ferner daraus, dass der Cavallerist sich
in einer höheren und deshalb auch kälteren Luftschicht bewegt
als der Infanterist und dass schliesslich beim Rendez-vous auf
freiem Felde das Pferd dem Reiter immerhin einigen Schatten gewährt. Allerdings ergiebt sich für die englische Armee ein anderes Morbiditäts-Verhältniss zwischen den einzelnen Waffengattungen,
wie aus der nachfolgenden Zusammenstellung für 1859 bis 1873
ersichtlich ist:

	Kopf-stärke	Er-kran-kungen	Todes-fälle	Morbi-dität p. m.
Infanterie, incl. Depot-Truppen	730.000	57	6	0,07
Artillerie, incl. Depot-Truppen	186 000	30	1	0,16
Cavallerie	158.500	18	—	0,11
Train	14.000	1	—	0,07
Summa:	1.088.000	106	7	0,09

Diese auffallende Differenz zwischen den beiden Armeen beruht nach meiner Ansicht darauf, dass in der englischen Armee
Uebungsmärsche und Manöver in unserem Sinne nicht bekannt sind,
und dass in Folge dessen der eigentliche Hitzschlag dort nur ausnahmsweise auftritt.

Eine sehr bedeutungsvolle Rolle für die Genese des Hitzschlages spielt ferner der Alkoholismus. Sämmtliche Beobachter,
Aerzte wie Laien, warnen in tropischen Klimaten vor dem reich-

---

*) Für die mit der deutschen Heereseinrichtung nicht Vertrauten bemerke
ich, dass nur bei 3 von den 17 Batterien eines Armeecorps sämmtliche Be-
dienungsmannschaften beritten sind, und dass bei den übrigen 14 Batterien der
grössere Theil der Leute zu Fuss marschirt.

lichen Genusse von Spirituosen. Ein schagendes Beispiel für die Schädlichkeit des Alkohols führt Chapple an: In den überaus heissen Monaten Mai und Juni des Jahres 1859*) lag eine Abtheilung Infanterie und eine Batterie zu Baroda in Ostindien. Die Infanterie, welche 171 Köpfe zählte, hatte durchweg einen vorzüglichen Gesundheitszustand, die Artillerie dagegen, 210 Mann stark, verlor vom 27. Mai bis 2. Juni 9 Mann an „Sun-stroke", und ihr Krankenbestand stieg von 24 auf 70 „Sonnenstich"-Kranke. Beide Truppentheile waren ganz gleich untergebracht, aber die Artillerie, welche zugleich einen schwereren Dienst hatte, trank nachgewiesenermassen doppelt soviel Rum als die Infanterie, und unter den Gestorbenen befanden sich verschiedene, als Säufer bekannte Individuen. Ebenso zeigte sich bei der vorjährigen Epidemie in St. Louis, dass gerade die Deutschen wegen der Gewohnheit, viel Bier zu trinken, ein grosses Contingent zu den Todten stellten — ca. $50^0/_{00}$ — während sie in der Bevölkerung höchstens $40^0/_{00}$ betragen. Auch aus eigner Erfahrung kann ich den nachtheiligen Einfluss des Alkohols bestätigen, denn unter den ca. 60 Fällen, welche ich zu beobachten Gelegenheit hatte, befanden sich eine beträchtliche Zahl notorischer Säufer bezw. solcher Leute, welche am Abend vorher grössere Mengen von Spirituosen zu sich genommen hatten. „I hat hardly", äussert sich Charles Napier über diesen Gegenstand*), „written the above sentence when J was tumbled over with heat-apoplexie; forty three others were struck, all Europeans, and all died within three hours, except myself. J do not drink. That is the secret. The sun had not ally in liquor in my brain".

In dieselbe Reihe mit dem Alkoholismus sind Unregelmässigkeiten in der Lebensweise, Excesse in Venere, gestörte Nachtruhe zu stellen: Momente, welche besonders am ersten Marschtage bedeutungsvoll werden können. Hierher sind ferner zu rechnen überstandene Krankheiten und Arreststrafen, kurz Alles, was die Leistungsfähigkeit des Körpers herabsetzt. Besonders auffallend trat dies einmal bei einem sonst gesunden und kräftigen

---

*) Die Temperatur in der zweiten Hälfte des Mai betrug durchschnittlich $40,7^0$.

**) The Lancet 1876, II, S. 141.

Menschen hervor, welcher Tags vorher eine längere Arreststrafe
abgebüsst, sich am Abend betrunken hatte und nach dem Uebungsmarsche unter den Erscheinungen des Hitzschlags erkrankte, während sich bei keinem Einzigen der übrigen Mannschaften ähnliche
Symptome zeigten.

Unzweifelhaft spielt die Trainirung der Mannschaften
ebenfalls eine wichtige Rolle, denn erfahrungsgemäss sind es immer
die des Marschirens ungewohnte Leute, Handwerker, Rekruten, Re-
servisten u. s. w., welche ein beträchtliches Contingent zu den Erkrankungen an Hitzschlag liefern, zumal wenn sie aus übertriebe-
nem Ehrgeize ihre Kräfte bis zur Erschöpfung anstrengen. Recht
deutlich beweisen dies die beim österreichischen Infanterie-Regiment No. 49 in der Nähe von St. Pölten vorgekommenen
6 Todesfälle, welche sämmtlich Handwerker betrafen, während die
übrigen 30 Erkrankten ausnahmslos wieder genasen*).

Zuletzt mache ich noch auf eine pathologische Prädisposition
aufmerksam, welche sich meines Wissens bis jetzt noch nirgends
erwähnt findet, nämlich auf die chronischen Erkrankungen
der Circulations- und Respirationsorgane. Unter ersteren
sind besonders die Klappenfehler, Fettauflagerungen und Degenerationen der Musculatur zu nennen und unter den letzteren sind die
pleuritischen Verwachsungen und die verschiedenen Erkrankungen
des Lungenparenchyms hervorzuheben**). Da gerade während eines
Marsches besonders hohe Anforderungen an die Leistungsfähigkeit
dieser Organe gestellt werden, so ist es leicht begreiflich, dass
selbst anscheinend geringfügige pathologische Veränderungen unter
Umständen verhängnissvoll werden können.

Fassen wir das in diesem Abschnitte Gesagte in wenige Worte
zusammen, so finden wir, das alle die erwähnten und unter den
verschiedensten Bedingungen angestellten Experimente zu ganz denselben Resultaten führten: dass nämlich die Thiere unter den Erscheinungen der Herzparalyse zu Grunde gingen, und dass diese
Herzlähmung durch Wärmestarre des linken Ventrikels bedingt war.

---

*) Welchen Einfluss die Gewöhnung ausübt, kann man am besten aus
einem Vergleiche der Marschleistungen bei Beginn und bei Beendigung eines
Manövers ersehen.

**) Vgl. S. 46.

Vergleichen wir mit diesen Versuchen an Thieren die beim Menschen intra vitam beobachteten Symptome und die bei denSectionen gefundenen pathologischen Veränderungen — ich erinnere nur an die von Wood beschriebene Ventrikelstarre — so muss uns unwillkührlich die frappante Aehnlichkeit zwischen beiden überraschen. Aus diesem Grunde erscheint es mir auch unzweifelhaft, dass sowohl beim Sonnenstiche als auch beim Hitz- und Wärmeschlage das Wesen der Krankheit in der durch die hohe Temperatur des Blutes bedingten Wärmestarre des linken Ventrikels zu suchen sei.

Die Genese der drei verschiedenen Krankheitsformen ist in Kürze folgende: Der Sonnenstich entsteht durch die directe Einwirkung der Sonnenstrahlen auf den ruhenden Körper, und die Erhöhung der Körpertemperatur geschieht deshalb so schnell, weil einerseits die Wärmeabgabe durch Lageveränderungen des Körpers ausgeschlossen ist, und andererseits eine rasche Erwärmung des Blutes in Folge der Gefässparalyse stattfindet.

Die Entstehung des Wärmeschlags erklärt sich ungezwungen aus der Wirkung der extrem hohen Lufttemperatur, wenngleich hierbei die Störungen der Hautthätigkeit, worauf ich in der Symptomatologie zurückkomme, dieselbe wichtige Rolle wie beim Hitzschlage spielen.

Nicht ganz so einfach wie bei den genannten beiden Formen ist die Pathogenese des Hitzschlages. Während eines längeren Marsches an heissen Tagen beobachtet man regelmässig, und zwar selbst bei gesunden Leuten, ein allmähliges Ansteigen der Körperwärme. Diese Temperatur-Erhöhung resultirt aus einer vermehrten Wärme-Einnahme (durch Muskelarbeit und Sonnenstrahlen) und aus einer verminderten Wärme-Abgabe (durch Behinderung der Wärmestrahlung, -Leitung und Verdunstung). So lange die Wärmeregulatoren des Körpers ausreichend functioniren, überschreitet diese Temperatur-Steigerung nicht leicht 39°, und die pathologischen Erscheinungen beschränken sich auf die Symptome einer mässigen Gehirn- und Lungen-Hyperaemie. Da jedoch die Leistungsfähigkeit dieser Regulatoren eine beschränkte ist, da ferner ihr Nutzeffect unter gewissen atmosphärischen Verhältnissen, wie bei Windstille und hohem Feuchtigkeitsgehalte der Luft, höchst unbedeutend sein kann: so erreicht die Körpertemperatur sehr leicht eine ge-

fahrdrohende Höhe (40,0° und darüber), während sich zugleich
die ersten Anzeichen der beginnenden Herzparalyse und Kohlen-
säure-Intoxikation entwickeln. Versiegt endlich die Schweisssecretion in Folge der Eindickung des Blutes gänzlich, so schliesst sich
damit das letzte Sicherheits-Ventil: — die Temperatur steigt rapide an, und der Betreffende stürzt unter den Erscheinungen des
Hitzschlages zusammen.

VI. Symptomatologie.

Es würde, wie ich schon einmal erwähnte, ein ganz vergebliches Bemühen sein, die drei, zum Theil ganz verschiedenen Krankheitsformen in ein gemeinschaftliches Bild zusammenzufassen, und dürfte es sich deshalb wohl empfehlen, zuerst eine Analyse der einzelnen Erscheinungen zu geben.

Als wichtigstes Symptom, welches allen drei Krankheitsformen gemeinsam ist, erscheint die enorme Erhöhung der Körpertemperatur. Sie pflegt in ausgeprägten Krankheitsfällen 41,5 bis 42,0° (in der Achselhöhle gemessen) zu betragen und überschreitet bei schweren Erkrankungen diese Grenzen noch ganz beträchtlich. So fand Wood mehrfach 42,35° (109° F.), Baeumler 42,46° (109,2° F.), ich 42,85°, Levick 42,63—42.9° (109,5—110,0° F.), Dowler und Roch sogar 44,55° (113,0° F.). Bei letzterem hatte das Thermometer damit noch nicht einmal seinen Höhepunkt erreicht, sondern stieg noch langsam, als die heftigen Bewegungen des Patienten zur Entfernung desselben nöthigten. Derartige Temperatursteigerungen wirken selbstverständlich tödtlich, denn als Maximum der Körperwärme, bei welcher das Leben erhalten blieb, wird von Michelis*) 41,75° angegeben, und unter den zahlreichen Temperaturmessungen finde ich bei Drake 42,0° (in ano) als höchste Temperatur verzeichnet, bei welcher der Kranke genas**). Zuweilen kommen nun tödtlich verlaufende Fälle von Hitzschlag vor, bei denen die Körpertemperatur nicht jene extreme Höhe erreicht,

---

*) Michel, dissert. inaug. Leipzig, 1855.
**) Vgl. das auf S. 42 über die postmortale Temperatursteigerung Gesagte.

und man könnte deshalb einwenden, dass hier der Tod unmöglich
in Folge von Wärmestarre des linken Ventrikels eintrete, zumal
da in verschiedenen Krankheiten z. B. beim Wechselfieber Temperaturen von 41,5 und darüber ohne Nachtheil ertragen werden.
Hierbei ist indessen nicht zu vergessen, dass beim Hitzschlage, worauf Thurn mit Recht aufmerksam macht, der Herzparalyse eine
excessive Thätigkeit vorausgeht, und mir speciell will es erscheinen,
als ob gerade bei chronischen Erkrankungen der Herzmuskulatur
verhältnissmässig niedrige Temperaturen bereits tödlich wirken.

Von den acuten, durch Sonnenstich erzeugten Haut-Affec-
tionen dürften die Roseola aestiva und das Erythema solare allgemein bekannt sein. Die erstere Form charakterisirt sich als einfache, umschriebene Hyperaemieen, die letztere als ausgedehntere
Hyperaemien mit seröser Infiltration der Cutis, wodurch es nachträglich zur Abstossung der Epidermis in Form von Schuppen oder
zusammenhängenden Fetzen kommt. Dergleichen Verbrennungen
kann man zur heissen Jahreszeit ziemlich häufig und zwar bei Personen beobachten, welche eine „zarte Haut" besitzen, und sich
selten den directen Sonnenstrahlen aussetzen. Unter Umständen,
wie in den von Giehrl beobachteten Fällen, kann das Erythem,
besonders im Gesichte, einen so hohen Grad erreichen, dass es eine
pralle, rothe Geschwulst darstellt, auf der sich nach einigen Tagen
grosse, mit Flüssigkeit gefüllte Blasen erheben.

Noch tiefer gehende Verbrennungen beobachtet man zuweilen
(Dupuytren*)) in tropischen Ländern bei Personen, welche längere
Zeit mit entblösster Haut in der Sonne geschlafen haben. Die
in solchen Fällen sich entwickelnde Entzündung ist so hochgradig,
dass sie in Nekrose der Haut und des subcutanen Fettgewebes
übergehen und im Verlaufe weniger Tage durch Septicaemie zum
Tode führen kann**). Von anderen in heissen Ländern beobachteten Hautkrankheiten ist hier noch der Lichen tropicus (prickly
heat, „rother Hund") zu erwähnen, eine überaus lästige Affection,

---

*) Leçons orales, IV, 506.

**) Als Unicum, wenigstens für unser Klima, dürfte wohl der im amtlichen
Bericht über die 50te deutsche Naturforscher-Versammlung (S. 319) von
L. Mayer mitgetheilte Fall zu betrachten sein, in welchem ein 74jähriger
Gärtner eine totale Nekrose des rechten Seitenwandbeines in Folge von Sonnen-
stich erlitten hatte.

von der besonders die noch nicht Acclimatisirten befallen werden. Ganz ausnahmsweise werden schliesslich wirkliche Haemorrhagien in das Cutisgewebe beobachtet, die in Form von Petecchien, Ecchymosen und Purpura-Flecke auftreten.

Was nun das Verhalten der Haut beim Hitzschlage anbelangt, so zeigt dieselbe anfänglich*) einen stärkern Turgor, wird feucht und bedeckt sich mit reichlichem Schweisse. Weiterhin, wenn die Triebkraft des Herzens bereits nachzulassen beginnt, schwellen die Füsse und Hände ödematös an, und das Gesicht erscheint hochgeröthet und gedunsen. Die Temperatur ist für das Gefühl merklich erhöht und die Haut zeigt späterhin eine ausgesprochene Neigung zum Trockenwerden. Man darf sich indessen hier nicht täuschen lassen, wenn man beim Entkleiden sämmtliche Uniformsstücke „quatschend nass", die Haut mit Schweiss bedeckt und die Epidermis vollständig macerirt findet, denn diese excessive Schweissabsonderung ist vielfach nur scheinbar: die Sekretion kann im Gegentheil bereits vollkommen aufgehört haben, sodass die Haut kurze Zeit darauf sich absolut trocken und brennend heiss anfühlt. Für die Prognose ist diese Erscheinung von besonderer Bedeutung, da dies gänzliche Versiegen der Schweisssecretion gerade bei den schwereren Krankheitsfällen beobachtet wird.

Im stadium depressionis beginnt die Haut eine cyanotische Färbung anzunehmen. Das vorhin geröthete Gesicht wird bleich, die Lippen färben sich bläulich, die Venen des Halses und Kopfes treten hervor und unter einer, zuweilen tief lividen Verfärbung des Gesichts tritt schliesslich der Tod ein. Diese schweren Störungen im Kreislaufe erklären sich aus der allmälig und stetig zunehmenden Herzparalyse, und damit hängt auch die im ersten Augenblicke frappirende Erscheinung zusammen, dass in einzelnen Fällen die Extremitäten schon kühl erscheinen, während die Haut des Rumpfes sich stechend heiss anfühlt.

Bei dem, in den Tropen vorkommenden Wärmeschlage gewinnt das Verhalten der Haut eine besondere praemonitorische Bedeutung. Schon tagelang vorher zeigen sich auffallende Functionsstörungen: die Schweisssecretion vermindert sich allmählig, die Haut erscheint

---

*) Ich schicke hierbei voraus, dass ich 3 Stadien und zwar ein stadium prodromale, irritationis und depressionis unterscheide.

rauh, trocken und beginnt sich zu röthen, Symptome, welche
erfahrungsgemäss einen baldigen Ausbruch der Krankheit befürchten lassen *).

Als günstiges Vorzeichen in schweren Erkrankungs-Fällen ist
das Wiedererscheinen der Schweisssecretion aufzufassen, besonders
wenn dieselbe gänzlich sistirt hatte. Erst hiermit beginnt die definitive Entfieberung, doch ist es in der ersten Zeit noch ziemlich
schwierig, eine ausgiebige Transspiration zu unterhalten.

Beiläufig will ich hier noch erwähnen, dass einzelne Beobachter
auf einen eigenthümlichen Geruch des Schweisses aufmerksam
machen, den Siebert „übelriechend sauer“, Clapham und Wood
„peculiar“ nennen, ohne ihn indessen näher zu bezeichnen.

Bewegungsorgane. Mässige Körperbewegung erzeugt bekanntlich ein gewisses Wohlbehagen, und so sehen wir denn auch,
dass im Beginn des Marsches der Gang elastisch ist, dass alle
Bewegungen rasch erfolgen, dass, wie man sich militairisch ausdrückt, „stramm“ marschirt wird. Nach einiger Zeit macht sich
indessen eine deutliche Veränderung in der Truppe bemerkbar.
Die Schritte werden kürzer, die Bewegungen verlieren an Energie,
die Ferse wird nicht mehr gehörig vom Boden abgelöst und der
Gang erhält etwas Schleppendes. Der Abstand zwischen den einzelnen Leuten wird allmählich immer grösser, sodass sich die Colonne auffallend in die Länge zieht. Vorübergehend wird dies dadurch ausgeglichen, dass die Zurückbleibenden mit einigen schnellen
Schritten die verlorene Distance wieder zu gewinnen suchen, allmählig aber schwinden die Kräfte mehr und mehr, es tritt Unsicherheit in den Bewegungen und stolpernder Gang ein, bis schliesslich die Betreffenden bewusstlos zusammen brechen. Mit dem Schwinden des Bewusstseins oder kurze Zeit nachher stellen sich klonische
und tonische Krämpfe ein, auf deren Besprechung ich weiterhin
eingehen werde.

Das Gefühl der allgemeinen Muskelschwäche und Hinfälligkeit
pflegt besonders stark beim Wärmeschlag ausgesprochen zu sein,

---

*) „When the heat of the weather“, sagt Barclay, „became more intense,
one of the first symptoms of its producing an injurious effect was the gradual
disappearance of the cutaneous eruption, the skin getting rough and scaly, and
perspiration ceasing, at the same time that the bowels became obstenately con-
stipated“.

wo es zuweilen so plötzlich auftritt, dass die Betreffenden völlig
ausser Stande sind, die geringste Bewegung auszuführen. Die Wiederkehr der normalen Muskelkraft erfolgt in solchen Fällen ziemlich
langsam, zuweilen niemals, sodass die Befallenen für ihr ganzes
Leben zu jeder anstrengenden Körperthätigkeit untauglich bleiben.

Verdauungsorgane. In den tropischen Ländern gehen dem
Ausbruche des Wärmeschlags längere Zeit Störungen in den Ver-
dauungsorganen voraus, unter welchen in erster Reihe hartnäckige
Stuhlverstopfung anzuführen ist. Es ist gar nicht selten, schreibt
Staples, dass diese Verstopfung 6 bis 7 Tage lang besteht, und
selbst dann kann der Stuhlgang nur durch Medicamente erzwungen
werden. Die Ursache der Obstipation liegt nach genanntem Autor
in der verminderten Schleimabsonderung und Atonie des Darmes.
Einige Tage nach Eintritt der Verstopfung stellt sich Appetitlosigkeit, Uebelkeit und ein eigenthümliches Gefühl von Brustbeklemmung ein, unter welchen Symptomen das letztgenannte ziemlich
constant zu sein scheint, da es von verschiedenen Beobachtern,
unter andern von Barclay, Taylor und Swift erwähnt wird[*]).

Da die meisten Leute auf dem Marsche mit offenem Munde
athmen, so findet eine schnelle Austrocknung der Schleimhäute des
Mundes, Rachens und Kehlkopfes statt. Die Lippen sind brennend
heiss, die Zunge ist trocken und scheinbar vergrössert, das Schlucken
wird wegen der allmälig versiegenden Speichelsecretion schwierig,
schmerzhaft und späterhin, d. h. sobald sich Schlundkrämpfe einstellen, vollständig unmöglich. Im stadium depressionis tritt Erbrechen (Vagus-Reizung) auf[**]), doch findet sich dasselbe auch
ausnahmsweise schon im Beginne des Anfalles[***]). Bei tiefer Be-

---

[*]) Der Berichterstatter im englischen Marine-Bericht von 1872 (S. 253)
nennt es „a feeling of constriction round the chest" und sieht als den Sitz
des Leidens das Zwerchfell an. „Is due", sagt er „to an embarrassed diaphragma caused by to the medulla oblongata near the origin of the phrenic nerf."

[**]) In einem von mir beobachteten Falle wurde der unzweifelhaft nahe be-
vorstehende exitus letalis durch das Eindringen erbrochener Speisereste in die
Luftröhre beschleunigt. Die intra vitam gestellte Diagnose auf Verstopfung
des rechten Bronchus wurde durch die Autopsie bestätigt, bei welcher sich ein
ungefähr kleinfingerstarkes und 3 Ctm. langes, unverdautes Fleischstück in den
Anfangstheil des rechten Bronchus eingekeilt fand.

[***]) Barnett theilt einen Fall mit, welcher durch profuse Magenblutung
zum Tode führte.

wusstlosigkeit stellt sich ferner unwillkührliche Entleerung der
faeces ein, welche meist eine dünnflüssige Beschaffenheit besitzen.
Diese Durchfälle fehlen in der Regel bei leichteren Erkrankungen,
bei denen im Gegentheil Verstopfung zu bestehen pflegt. Ob
schiesslich der kahnförmigen Einziehung des Unterleibes, wie man
sie häufig bei schweren Gehirnleiden findet, für die Symptomatologie des Hitzschlages eine Bedeutung zukommt, will ich dahingestellt sein lassen.

Circulationsorgane. Beobachten wir das Verhalten der
Herzthätigkeit während eines längeren Marsches, so finden wir,
dass der Puls anfänglich kräftig und voll ist und 90—100 Schläge
in der Minute zeigt. Die oberflächlich gelegenen Arterien machen
sichtbare Pulsationen, der Herzchoc ist verbreitert und vielfach
so stark, dass die Brustwand in grosser Ausdehnung erschüttert
wird. Allmählig beginnt indessen die Triebkraft des Herzmuskels
nachzulassen, es treten Stauungen im Venensysteme auf, die Extremitäten beginnen ödematös anzuschwellen und das Gesicht bekommt
ein gedunsenes Aussehen. Zu dieser Zeit klagen die Betreffenden
zuweilen über ein lästiges Pulsiren der Arterien, welches besonders deutlich an den Carotiden sichtbar ist, und auf dem Verluste
des normalen Gefässtonus beruht. Im Anfalle selbst findet man
die Kranken mit hochgeröthetem, gedunsenen Gesichte und kleinem,
leichtunterdrückbaren Pulse, welcher seltsam mit der aufgeregten
und stürmischen Herzthätigkeit contrahirt.

Während im stadium depressionis das Venensystem zum Bersten
gefüllt erscheint, wird die Füllung der Arterien immer geringer
und der Puls an den peripheren Gefässen schwächer und schwächer,
bis schliesslich Unregelmässigkeit und vollständiger Stillstand in
der Herzbewegung eintritt.

Beim Sonnenstich ist das Reizungsstadium besonders deutlich
ausgesprochen, während dasselbe beim Wärmeschlag vielfach so gut
wie gänzlich fehlt, sodass mit dem Verluste des Bewusstseins auch
sofort die Erscheinungen der hochgradigsten Herzparalyse zu Tage
treten. Besonders auffallend sind jene Fälle, in welchen die Kranken nach einer unbedeutenden Anstrengung plötzlich zusammenbrechen, und im Verlaufe weniger Minuten ihren Geist aufgeben.
Gerade dieser schnelle, fast augenblicklich erfolgende exitus letalis
beweist nach meiner Ansicht, dass hier der Tod nicht durch Inner-

vationsstörungen seitens der Centralorgane, sondern vom Herzen
selbst ausgehe.

Respirationsorgane. Um den, während des Marsches ge-
steigerten Stoffumsatz und Sauerstoff-Verbrauch zu decken, werden
zunächst die Athembewegungen beschleunigt, sodass die Frequenz
der Athemzüge auf 40 und mehr in der Minute steigt. Da indessen
die freie Ausdehnung der Brust durch das Gepäck erschwert ist,
so werden allmälig die respiratorischen Hülfsmuskeln mit in Thätigkeit gezogen. Die Nasenflügel spielen, der Mund wird weit geöffnet, der Kopf von Zeit zu Zeit zurückgeworfen, der Brustkorb durch
Aufrichten des Rumpfes und Zurücklegen der Arme erweitert: kurz
es zeigen sich die Erscheinungen einer mehr oder minder ausgeprägten Dyspnoe. Subjectiv äussert sich dieser Sauerstoffmangel
durch ein Gefühl von Völle und Beengung auf der Brust, dass
späterhin zum Angstgefühle wird und ein überaus lästiges Symptom
darstellt*). Mit dem Eintritt der Bewusstlosigkeit hört selbstverständlich die Unterstützung der respiratorischen Hülfsmuskeln auf,
und die Kohlensäure-Intoxication nimmt schnell zu. Die bis dahin
frequenten und oberflächlichen Athemzüge — Ullmann giebt z. B.
in einem Falle 160—200 in der Minute an — werden seltener,
ausgiebiger und der Zustand damit scheinbar gebessert. Scheinbar
sage ich, denn nur zu bald verräth das stertoröse Athmen und der
blutige Schaum vor dem Munde die im Anzuge begriffene Lungen-
lähmung. Durch die Percussion lässt sich zu jener Zeit mehrfach
eine bilateral-symmetrische Dämpfung der hinteren, unteren Lungenparthieen nachweisen und bei der Auscultation hört man daselbst
unbestimmtes, dem bronchialen sich näherndes Athmen sowie gross-
blasige, feuchte Rasselgeräusche.

Das vorhin erwähnte stertoröse Athmen ist in vielen Fällen
von Wärmeschlag, namentlich in solchen, welche sich zur Nachtzeit ereignen, das erste Symptom, welches die Umgebung des Kranken aufmerksam macht.

Im Anschlusse hieran muss ich noch die Kohlensäure-Intoxication kurz besprechen. Dass eine solche in der That besteht, beweist die Cyanose, welche sich schon im stadium prodro-

---

*) Martin erzählt, dass ein College, welcher zweimal vom Wärmeschlage
befallen wurde, diese Athemnoth als eine der schrecklichsten Qualen bezeichnete.

morum zu entwickeln beginnt und im stadium depressionis einen
so hohen Grad erreicht. Die Ursachen dieser Erscheinung sind
einestheils die schon vorhin erwähnte mechanische Behinderung des
Athemprocesses, anderentheils die schweren und nachhaltigen Störungen in der Blutcirculation. Sobald nämlich die Triebkraft des
Herzens zu erlahmen beginnt, wird naturgemäss eine geringere
Blutmenge in der Zeiteinheit an der Lungenoberfläche vorüberge-
führt: es erfolgt somit ein ungenügender Gasaustausch und die
nothwendige Folge davon ist die Ueberladung des Blutes mit
Kohlensäure. Als dritter Factor wäre, falls sich die Untersuchungen nach dieser Richtung hin bestätigen sollten, die veränderte
Beschaffenheit des Blutes selbst anzuführen. Wie wir gesehen
haben, ist mehrfach bei den an Hitzschlag verstorbenen Personen
ein Zerfall der Blutkörperchen constatirt worden, und es ist immerhin möglich, dass dadurch die Aufnahme von Sauerstoff nicht
unwesentlich beeinträchtigt werden könnte.

Ausserdem wäre es noch denkbar, dass aus der Eindickung
des Blutes eingreifende Störungen in den endosmotischen Vorgängen
resultirten und dass diese wiederum den Gasaustausch zwischen
dem Blute und den Blutkörperchen behinderten. Wie gesagt, die
Untersuchungen hierüber sind noch nicht abgeschlossen und lässt
es sich z. B. auch noch nicht entscheiden, in wieweit die Chapple-
sche Theorie berechtigt sei, dass nämlich dem linken Herzen aus
dieser Blut-Eindickung eine grössere Arbeitslast erwachse*).

Zum Schlusse möchte ich noch darauf aufmerksam machen,
dass die hochgradige Venosität und dunkle Färbung des Blutes
zum grossen Theile auf postmortale Vorgänge zurückzuführen ist.
Bei eben gestorbenen Thieren findet man nämlich den Unterschied
zwischen arteriellem und venösem Blute ganz deutlich ausgesprochen, während kurze Zeit darauf das gesammte Blut eine
gleichmässig dunkle Farbe angenommen hat**). Dieser Vorgang
erklärt sich nach Claude Bernard daraus, dass das überhitzte

---

*) In einzelnen Fällen beobachtete Claude Bernard eine Veränderung
des Faserstoffes, welcher die Eigenschaften des, von Magendie sogenannten,
Pseudofibrins annahm (Verlust der Elasticität und Erweichung).

**) Besonders auffallend ist dies nach Claude Bernard bei Thieren,
welche durch Einathmung heisser Luft zu Grunde giugen, während der Körper
sich ausserhalb des Wärmekastens befand.

Blut mit grosser Schnelligkeit den vorhandenen Sauerstoff in Kohlensäure umsetzt. Ob diese Erklärung stichhaltig sei, bleibt abzuwarten. Wäre sie richtig, so müsste mit dem Verschwinden des
Sauerstoffs eine entsprechende Vermehrung der Kohlensäure Hand
in Hand gehen, was aber, nach den bis jetzt vorliegenden Untersuchungen zu urtheilen, nicht der Fall zu sein scheint. Es fanden
nämlich bei eben an Sonnenstich verstorbenen Thieren*):

	Kohlen-säure in $^0/_{00}$	Sauer-stoff in $^0/_{00}$
Claude Bernard	37,20	1,00
Vallin, Experiment I.	36,79	0.94
„ „ II.	35,96	0.75

Unter gleichen Verhältnissen erhielt Claude Bernard bei
normalem Blute 12—15, Vallin 13,81 Procent Sauerstoff und
37,26 Kohlensäure. Der Sauerstoff ist mithin aus dem Blute beinah verschwunden, während der Gehalt an Kohlensäure annähernd
derselbe geblieben ist.

Hiermit ist indessen keineswegs gesagt, dass das Blut nun
die Fähigkeit verloren habe, Sauerstoff wieder aufzunehmen, da
Wood und Claude Bernard durch Experimente direct das Gegentheil erweisen konnten**). Es stimmt dies auch mit den Untersuchungen von Max Schultze überein, welcher erst bei 50° die
amoeboiden Bewegungen der weissen Blutkörperchen aufhören und
bei 52° den Zerfall der rothen Blutkörperchen eintreten sah.

Nervensystem. Das Centrum der Athembewegungen liegt
bekanntlich an der Spitze des calamus scriptorius. Ob die Thätigkeit dieses Centrums automatischer oder reflectorischer Natur sei,
darüber ist viel gestritten worden, und in neuerer Zeit hat die

---

*) Das Blut wurde, ohne mit der Luft in Berührung zu kommen, über
Quecksilber aufgefangen.
**) Erst bei Temperaturen von 60—70° gerann das Blut, wurde schwarz
und nahm beim Schütteln mit Luft seine rothe Farbe nicht wieder an (Claude
Bernard, S. 374).

letztere Annahme mehr und mehr an Wahrscheinlichkeit gewonnen. Je geringer der Gehalt des Blutes an Sauerstoff wird, desto energischer geht die Respiration von Statten, desto mehr Hülfsmuskeln werden zur Thätigkeit herangezogen, und desto klarer markirt sich das Bild der Dyspnoe. Wird der Reiz für das Centrum der Athembewegungen abnorm stark, so werden nach Hermann ausser den accessorischen Respirationsmuskeln zunächst die Kiefermuskeln und schliesslich fast sämmtliche Körpermuskeln ergriffen; es stellt sich Luftschnappen ein und es treten allgemeine epileptiforme Convulsionen auf.

Dem Ausbruche allgemeiner Krämpfe, welche sich in der Regel mit oder kurze Zeit nach dem Verluste des Bewusstseins einstellen, pflegen fibrilläre Zuckungen in den Gesichtsmuskeln vorauszugehen. Zuweilen ist schon vor Eintritt der Bewusstlosigkeit das Schlucken erschwert und weiterhin stellen sich so heftige Reflexkrämpfe der Schlundmuskulatur ein, dass jegliche Aufnahme von Getränk unmöglich wird. Beim Wärmeschlage zeigen die Kranken anfänglich eine auffallend allgemeine Unruhe, weiterhin treten Sehnenhüpfen und partielle Muskelzuckungen auf, welche successive eine immer grössere In- und Extensität gewinnen, bis schliesslich der Ausbruch allgemeiner Convulsionen erfolgt.

Die Krämpfe zeigen bei allen drei Krankheitsformen nach zwei Richtungen hin eine gewisse Regelmässigkeit. Zunächst lässt sich eine bestimmte Reihenfolge nicht verkennen, in der die einzelnen Körpertheile befallen werden, und zwar werden zuerst die Gesichts- resp. Schlundmuskeln ergriffen, darauf folgen die Kau-, dann die Nackenmuskeln, danach die Muskeln der obern und untern Extremität und schliesslich die übrigen Muskeln des Rumpfes. Auch die Natur der Krämpfe ist nach den einzelnen Zeitabschnitten verschieden. Anfänglich treten nur klonische, weiterhin tonische Krämpfe auf, welche allmählig mehr und mehr in den Vordergrund treten und schliesslich zum hochgradigsten Opisthotonus und Emprosthotonus führen.

Eine Ausnahme von dieser Regel pflegen die reinen Fälle von Sonnenstich zu machen, bei denen mehrfach tonische Krämpfe die Scene einleiten. Gerade bei dieser Krankheitsform erreichen die · Krämpfe zuweilen eine ausserordentliche Heftigkeit und eine ungewöhnlich lange Dauer. So sah Fröhlich bei einem jungen Mädchen, welches ohne Kopfbedeckung zum Getraideschneiden gegangen war, Trismus und Nackenstarre auftreten, welche sich erst nach 2 Tagen verloren. Zugleich erschienen jetzt allgemeine Convulsionen, welche 6 Tage lang währten und zuweilen so heftig wurden, dass die Kranke wie ein Spielball im Bett herumgeworfen wurde. Etwas Aehnliches sah Biedert bei einem Soldaten, bei welchem die Convulsionen so hochgradig waren, dass derselbe „mehrere Fuss hoch“ in die Luft geschleudert wurde.

In leichteren Fällen von Hitzschlag pflegen die klonischen Krämpfe gänzlich zu fehlen, bei schwereren Erkrankungen bilden sie dagegen ein ziemlich constantes Krankheitssymptom. Die tonischen Krämpfe gehören, wie schon erwähnt wurde, mehr der reinen Form des Sonnenstichs an*) und kommen beim Hitzschlag nur bei den allerschwersten Erkrankungen zur Beobachtung. Beim Wärmeschlag treten Krämpfe verhältnissmässig seltner auf, und können selbst in tödlich verlaufenden Fällen vollständig fehlen. „In a large proportion of cases“, sagt Barclay, „from the commencement of the attack till is termination in death the patient never moved a limb or even an eyelid“.

Als eine überaus seltene Erscheinung sei hier noch ein, der Katalepsie ähnlicher Zustand erwähnt, welchen Sieveking einmal bei einem an Sonnenstich erkrankten Knaben beobachtete, dessen Glieder am 5. Tage vollständig steif wurden und in jeder beliebigen Stellung verharrten.

Im Bereiche der sensitiven Nerven sind pathologische Erscheinungen ziemlich selten, namentlich gehören dieselben beim Hitzschlage zu den grössten Ausnahmen. Nur einmal finde ich Klagen über ein lästiges Gefühl von Ameisenkriechen erwähnt, und in einem andern Falle liess sich am 3. Krankheitstage eine mässige Anaesthesie sämmtlicher Extremitäten nachweisen. Etwas häufiger scheint, namentlich beim Sonnenstiche, eine allgemeine Hyperaesthesie und erhöhte Reflexthätigkeit vorzukommen, die unter Umständen einen ziemlich hohen Grad erreichen können. So beobachtete Barclay, dass bei einem Kranken die geringste Er-

---

*) More sah in einem Falle von Sonnenstich Trismus und allgemeinen Tetanus auftreten, an welchem der Kranke nach 10 Tagen zu Grunde ging.

schütterung, z. B. das Ausgiessen von Wasser auf den Fussboden, genügte, um die heftigsten Convulsionen hervorzurufen.

Von den Sinnesorganen zeigen die Augen ganz constante Veränderungen. Die Conjunctiva bulbi ist stark geröthet, unempfindlich gegen Berührung und die Pupille reagirt träge oder gar nicht gegen einfallendes Licht. Hierüber sind alle Beobachter einig, aber in Bezug auf einen zweiten Punkt, ob nämlich die Pupille verengert oder erweitert sei, gehen die Ansichten weit auseinander. Nach meinen Erfahrungen zeigt nun die Pupille regelmässig folgendes Verhalten: Mit Eintritt der Bewusstlosigkeit erscheint dieselbe verengert, doch pflegt diese Verengerung anfänglich nicht hochgradig und die Reaction nicht gänzlich erloschen zu sein. Weiterhin wird die Pupille vollständig unempfindlich gegen jeden Lichtwechsel und die Verengerung kann in einzelnen Fällen so hochgradig werden, dass die Pupille wie obliterirt erscheint.

Nach einiger Zeit ändert sich dies abermals, und zwar erweitert sich zunächst die Pupille vorübergehend während der Krampfanfälle, um zuletzt, im stadium depressionis, dauernd dilatirt zu bleiben. Nimmt der Fall einen tödlichen Verlauf, so tritt in diesem Zustande eine weitere Veränderung nicht mehr ein, beginnt jedoch die Pupille wiederum zu reagiren, so ist auf eine baldige Besserung des Zustandes zu hoffen. Auf diese Weise erklären sich auch die widersprechenden, an und für sich gewiss richtigen Angaben der verschiedenen Beobachter.

Eine nicht gerade ganz selten vorkommende Erscheinung sind die Gesichtstäuschungen*). Sie gehören in das Gebiet der Reizungs-Erscheinungen und werden vorzugsweise bei Insolations-Erkrankungen beobachtet. In den Obernier'schen Fällen feuerte z. B. ein Mann während des Marsches sein Gewehr ab, weil er glaubte, er solle einen vor ihm laufenden Hirsch erschiessen, und bei der Fraustadter Affaire sah ein Kranker die Bäume für Brunnen an, umklammerte sie und bat schreiend um Wasser. Dergleichen Sinnestäuschungen kommen in unserem Klima nur vereinzelt vor, erreichen aber in südlicheren Breiten zuweilen eine

---

*) Hierher dürften auch die subjectiven Farbenempfindungen (Grün- und Rothsehen) zu rechnen sein, welche sich einmal bei Horn (S. 13) und zweimal bei Hutchinson erwähnt finden.

epidemische Verbreitung. So erzählt u. A. Casses Folgendes:
„Pour ne parler que de nos possessions transmediterranéennes,
lors de l'expédition de Tlemcen (Algier), dans un passage, étroit,
le soleil étant au zénith et lançant ses rayons à plus de 50 degrès,
des soldats crurent voir une voûte suspendue sur leur tête et en-
tendre des voix aériennes et des chants partant de cette même
voûte."

Gehörshallucinationen kommen ungleich viel seltener als
Gesichtstäuschungen vor, und ist mir, ausser den beiden citirten
Fällen von Obernier und Casses, nur noch eine einzige, hierher
gehörende Mittheilung von Wald bekannt geworden.

Unter den psychischen Alterationen beobachtet man im
Prodromal-Stadium, und zwar vorzugsweise beim Wärmeschlage,
eine gewisse Gemüthsverstimmung. Die Betreffenden sind entweder
mürrisch, verschlossen und träge oder zeigen sich merkwürdig auf-
geräumt, lachen ohne Grund und schwatzen ungereimtes Zeug. Im
Allgemeinen überwiegt der Character der Depression, und es tritt
vielfach, besonders in heissen Klimaten, die Neigung zum Selbst-
morde hervor. So kamen bei dem auf S. 31 erwähnten Marsche
Bugeaud's innerhalb weniger Stunden 200 Erkrankungen mit
11 Selbstmorden vor, und eine weitere Anzahl derartiger Vorfälle
sind bei Nevière, Casses und im Journal médical militaire
(Tome 52) aufgeführt. Eine ähnliche Manie, d. h. eine unüber-
windliche Neigung sich ins Meer zu stürzen, wird zuweilen bei
Matrosen in den tropischen Gewässern beobachtet, wofür sich bei
Grisolle und in den englischen Marine-Berichten einige Beispiele
finden. Auch der Ausbruch wirklicher Tobsucht kommt mehrfach
vor, wie einige Fälle beweisen, welche Bullar und Plagge*)
mittheilen.

Alle diese psychischen Alterationen gehören fast ausnahmslos
der Insolationsform an und sind meist vorübergehender Natur,

---

*) General von d. Decker sagt in seinem Werke über Algerien: „Eine
der fürchterlichsten Krankheiten ist der Sonnenstich. Er macht die Menschen
rasend, die dann in ihrem Wahnsinn nicht mehr wissen, was sie thun. . . .
Ja man hat einzelne erschiessen müssen, weil sie auf keine Weise zu bändigen
waren. Die Garnison von Or hat im Jahre 1839 mehrere traurige Fälle der
Art aufzuweisen." Gegen die Wirksamkeit dieser Therapie lässt sich allerdings
Nichts einwenden.

können jedoch auch ausnahmsweise zu bleibenden Geistes-Störungen führen.

Die Thätigkeit der Secretionsorgane ist durchweg herabgesetzt, ja bei einzelnen derselben, wie den Hautdrüsen, kann die Absonderung gänzlich sistiren. Das Verhalten der Schweisssecretion ist bereits früher eingehend besprochen worden, und bleiben nur noch die Nieren und einige andere Organe zu prüfen. Die Harnsecretion ist fast ausnahmslos in hohem Masse vermindert, und zwar pflegt dies so constant zu sein, dass Staples, welcher hierauf speciell achtete, dies Symptom in 47 Fällen nur ein einziges Mal vermisste. Allerdings leiden viele Kranke an mehr oder weniger heftigem Urindrange, und muss man sich deshalb hüten, daraus auf eine vermehrte Urin-Absonderung zu schliessen. Dieser Harnzwang, bei welchem meist nur wenige Tropfen eines dunklen Urines entleert werden*), erklärt sich unzweifelhaft aus dem Reize, welchen der stark concentrirte Urin auf die hyperaemische Blasen-Schleimhaut ausübt. Nach dem Anfalle pflegt die Urinentleerung noch längere Zeit spärlich zu sein, resp. Tage lang gänzlich zu sistiren, und ist daher ihr Wiedererscheinen als ein günstiges Vorzeichen anzusehen.

Der Urin selbst pflegt auffallend dunkel zu sein und einen reichlichen Niederschlag zu bilden, welcher hauptsächlich aus harnsauren Salzen besteht**). Von abnormen Bestandtheilen wurde in einzelnen Fällen Eiweiss, Zucker und eine mehr oder minder reichliche Beimischung von Blut nachgewiesen. Gerade in Bezug auf den Gehalt an Eiweiss hat neuerdings Leube***) gefunden, dass dasselbe relativ häufig bei ganz gesunden Soldaten nach an-

---

*) Barclay beobachtete einigemale im Prodromalstadium des Wärmeschlags, d. h. sobald die Hautthätigkeit schon längere Zeit daniederlag, eine vermehrte Absonderung eines auffallend hellen Urines, und betrachtet deshalb diese Erscheinung als ein wichtiges prognostisches Zeichen.

**) Als specifisches Gewicht, das bekanntlich zwischen 1,005 und 1,030 schwankt, findet sich bei Schneider 1,030 angegeben.

***) Leube (W., Ueber Ausscheidung von Eiweiss im Harn des gesunden Menschen, Virchow's Arch. Bd. 72, S. 145) fand, nach fünfstündigem Marsche oder mehrstündigem Exerciren in einer Temperatur von 10—20° R., bei 18 von 148 Untersuchungen Eiweiss im Urin (8 mal deutliche Trübung, 10 mal Spuren). Möglicherweise entstammt dasselbe dem Haemoglobin der untergegangenen Blutkörperchen (Verf.)

strengenden Märschen vorkommt, wenngleich die Menge des
ausgeschiedenen Eiweisses nicht über 1 Procent beträgt. Das Auftreten von Zucker im Urin ist äusserst selten, und finde ich
dasselbe nur bei Débout*) und Gubler erwähnt, von denen der
letztere noch 3 Tage nach dem Anfalle enorme Mengen nachweisen konnte. Eine Beimischung von Blut kommt etwas häufiger
vor, obschon die Menge desselben nie erheblich zu sein pflegt. Die
Ursache dieser Haematurie ist selbstverständlich in der starken venösen Stauung zu suchen, welche sich, wie wir gesehen haben,
regelmässig bei der Autopsie nachweisen lässt. Mit dieser Hyperaemie im gesammten Harnapparate dürften auch die Erectionen
und Saamenergüsse in Zusammenhang zu bringen sein, welche
Pirrie einigemal im Beginne des Anfalles beobachtete.

Ueber die andern Absonderungen ist wenig zu sagen. Die
Speichelsecretion versiegt ziemlich früh, dagegen scheint die
Absonderung der Mundschleimhaut etwas länger zu dauern. Die
Gallenabsonderung und die Secretion der Darmschleimhaut
ist, besonders beim Wärmeschlage in hohem Grade beeinträchtigt,
woraus sich auch die hartnäckige Stuhl-Verstopfung erklärt, welche
regelmässig bei dieser Krankheitsform beobachtet wird. Im Gegensatz hierzu treten bei schwereren Fällen von Hitzschlag vielfach
Diarrhoeen auf, die unzweifelhaft auch die, in Folge der Blut-
stauung vermehrte, Transsudation zurückzuführen sind.

Zu erwähnen wäre schliesslich noch, dass in einzelnen Krankheitsfällen auch die serösen Flüssigkeiten, wie der liquor pericardii
und pleurae eine deutliche Volumens-Abnahme zeigen.

Ich gehe nun zur Eintheilung und Schilderung des Ge-
sammtverlaufes über.

Schon vorhin deutete ich an, dass ich 3 Stadien unterscheide,
und zwar ein Prodromal-, Irritations- und Depressions-Stadium.
Das stadium prodromorum ist am deutlichsten beim Wärmeschlage ausgesprochen, und als erstes Symptom wird hier eine
hartnäckige Stuhlverstopfung angegeben, der sich nach einigen
Tagen Appetitlosigkeit, Uebelkeit, allgemeine Körperschwäche und
ein eigenthümliches Gefühl von Brustbeklemmung hinzugesellen.
Das Gefühl der Schwäche und Hinfälligkeit ist zuweilen so hoch-

---

*) Bull. de thérap. Tome 48 (1852).

gradig, das die Betreffenden zu jeder körperlichen oder geistigen
Thätigkeit unfähig sind und eine unwiderstehliche Neigung zum
Schlafen verspüren. Trotzdem sind sie ausser Stande einzuschlafen,
wälzen sich ruhelos auf ihrem Lager hin und her und fahren, wenn
sie wirklich einschlummern, jäh und zuweilen mit dem Ausdrucke
der höchsten Angst aus dem Schlafe empor. Diese Schlaflosigkeit
ist neben dem Schwindelgefühle und einem äusserst heftigen, fixen
Kopfschmerze*) eines der lästigsten Krankheitserscheinungen.

Allmählig beginnt die bis dahin feuchte Haut sich zu röthen,
heiss, trocken und rauh zu werden, die Schweisssecretion und Urin-
absonderung versiegt, die Puls- und Respirationsfrequenz steigt, es
tritt Somnolescenz und schliesslich vollständige Bewusstlosigkeit ein.

Beim Sonnenstich überschreitet das Prodromalstadium nur
selten die Dauer einiger Stunden, und der Verlauf der Erscheinungen
ist ungleich viel stürmischer. Als erstes und lästigstes Symptom
figurirt hier ebenfalls heftiger Kopfschmerz**), zu dem sich weiterhin
Benommenheit des Sensoriums, Schwindelgefühl, Funkensehen und
Ohrensausen hinzugesellen. Das Gesicht ist hochgeröthet, die Conjunctiva stark injicirt, die Haut brennend heiss, trocken, der Puls
frequent, hart, und die Athemfrequenz vermehrt. Weiterhin stellen
sich allgemeine Unruhe, Sinnestäuschungen und Delirien ein, bis
schliesslich das Bewusstsein gänzlich schwindet.

Im stadium prodromale des Hitzschlags klagen die Betreffenden, nachdem sich schon längere Zeit starker Durst bemerkbar gemacht, über dumpfen Kopfschmerz, dem späterhin ein Gefühl
von Beklemmung auf der Brust und allgemeiner Mattigkeit folgen.
Das Gesicht ist stark geröthet, die Augen erscheinen glänzend,
hervorgequollen, und die Haut ist mit reichlichem Schweisse bedeckt. Der Puls ist frequent, kräftig und voll, das Athmen geschieht mit offenem Munde, die Lippen sind trocken, die Zunge
scheinbar zu gross für die Mundhöhle, das Schlucken wird schmerz-

---

*) Staples, welcher sich einigemal die Stelle genau mit dem Finger be-
zeichnen liess, fand, dass sie einer, vom processus mastoideus zur protuberantia
occipitalis gezogenen Linie entsprach, und glaubt deshalb die Ursache dieses
Schmerzes in der hochgradigen Ueberfüllung des sinus transversus suchen zu
müssen.

**) In vielen Fällen erstreckten sich diese heftigen Schmerzen über die
ganze Wirbelsäule bis in die Extremitäten hinein.

haft und die Stimme heiser. Das Gefühl des Durstes wird immer quälender, die Schweissabsonderung nimmt allmälig mehr und mehr ab, und die Haut wird trocken und brennend heiss. Jetzt treten Ohrensausen, Flimmern vor den Augen, Sinnestäuschungen, selbst Wahnideen auf, und die Beklemmung wird zum Angstgefühle. Die Herzaction ist stürmisch, die Athemzüge fliegend, die Schwäche nimmt immer mehr überhand, und schliesslich stellt sich Zittern der Glieder und Unsicherheit in den Bewegungen ein. So stolpert der Kranke noch eine Zeit lang mühsam vorwärts, bis ihm die Sinne schwinden und er bewusstlos zusammenbricht.

Vom Eintritt der Bewusstlosigkeit datirt der eigentliche Anfall, in dessen Verlaufe sich zwei Stadien, ein Irritations- und Depressionsstadium unterscheiden lassen.

Im Beginne des Irritationsstadiums pflegt die Bewusstlosigkeit noch keine vollständige zu sein; der Kranke antwortet auf lautes Anrufen und die Pupille reagirt, wenn auch träge, gegen Lichtreiz. Das Gesicht ist gedunsen, und die Farbe desselben hat einen deutlichen Stich ins Bläuliche. Die Haut fühlt sich stechend heiss an, ist entweder vollständig trocken oder zeigt noch eine geringe und bald versiegende Schweissabsonderung. Die Herzaction ist stürmisch, der Herzstoss verbreitert, so dass die Brustwand in grosser Ausdehnung erschüttert wird. Mit dieser enormen Herzthätigkeit contrastirt seltsam die geringe Füllung des Arterienrohres, eine Erscheinung, welche besonders an den heftig klopfenden Carotiden auffällt. Die Athembewegungen sind äusserst frequent, jedoch wenig ausgiebig und werden von Zeit zu Zeit durch durch tiefe, seufzende Inspirationen unterbrochen.

Dies ist in grossen Zügen das Bild, welches die vom Hitzschlag Befallenen kurz nach Verlust des Bewusstseins darbieten, und welches ich gewiss mehr als 50 mal vor Augen gehabt habe. In diesem Zustande treten aber sehr bald weitere Veränderungen ein, und zwar folgen jetzt eine Reihe anderer Symptome, deren gefahrdrohender Character sofort in die Augen springt. Die Reaction gegen äussere Reize erlischt vollständig, die Pupille contrahirt sich, wird starr und es stellen sich fibrilläre Muskelzuckungen ein, die sehr bald in allgemeine Krämpfe übergehen. Dieselben beginnen meist in den Gesichtsmuskeln, pflanzen sich von dort auf die Kaumuskeln, dann auf die Nackenmuskeln fort und ergreifen schliesslich die Muskeln der Extremitäten und des Rumpfes.

Dies Irritationsstadium bietet bei den einzelnen Krankheitsformen gewisse generelle Unterschiede. Beim Sonnenstiche zeichnen sich die Krampfanfälle durch besondere Heftigkeit und lange Dauer aus, während sie beim Wärmeschlage mehr in den Hintergrund treten, ja selbst vollständig fehlen können. Auch die Dauer des Irritationsstadiums ist verschieden; am längsten währt dasselbe beim Hitzschlage, am kürzesten beim Wärmeschlage, wo es zuweilen so gut wie gänzlich fehlt.

Im stadium depressionis ändert sich die vorhin geschilderte Scene abermals. Die Athemzüge verlangsamen und vertiefen sich, werden geräuschvoll, stertorös und endlich röchelnd. Die Lippen und Backen blähen sich mit jeder Exspiration auf und aus dem Munde fliessen schaumige oder blutig gefärbte Schleimmassen. Der Puls wird kleiner, unregelmässig und verschwindet an den peripheren Arterien mehr und mehr, während die Extremitäten gleichzeitig eine bläuliche Färbung annehmen. Die Krämpfe haben inzwischen ebenfalls aufgehört, die vorhin stark verengten Pupillen werden weit, es stellt sich Erbrechen, unwillkürliche Urin- und Stuhlentleerung ein, und unter stetiger Zunahme dieser Lähmungserscheinungen erliegt der Kranke nach kürzerer oder längerer Zeit.

Der Verlauf und die Dauer der Krankheit ist im Allgemeinen eine ziemlich kurze. Besonders auffallend tritt dies beim Wärmeschlage hervor, bei dem, wie wir gesehen haben, der Tod zuweilen ganz plötzlich, fast schlagartig erfolgt. Auch beim Hitzschlage ist der Verlauf in einzelnen Fällen ein so rapider, dass zwischen dem Verluste des Bewusstseins und dem Eintritte des Todes nur eine Viertelstunde liegt. Doch dies sind, wie gesagt, Ausnahmefälle, wenngleich auch hier die Frage über Leben und Tod sich im Verlaufe weniger Stunden entscheidet. Im Allgemeinen nimmt der Verlauf der Krankheit immerhin mehrere Tage in Anspruch, denn die Behandlungsdauer der 48, im Jahre 1873, 74 in der deutschen Armee an Hitzschlag Erkrankten*) be-

---

*) Hierbei sind die 9 beim XII. (sächsischen) Corps vorgekommenen Erkrankungen nicht mitgerechnet.

trug 445 Tage, was eine Durchschnittsziffer von 9,3 ergiebt*).
Beinahe dasselbe Verhältniss stellt sich für die englische Marine
heraus, wie die nachfolgende Zusammenstellung zeigt:

Jahr.	Zahl der Erkrankungen.	Behandlungstage an Bord.	im Hospital.
1867	20	182	44
1868	36	459	91
1869	87	775	292
1870	43	343	120
1871	116	911	207
1872	52	390	53
1873	48	384	267
1874	—	—	—
1875	68	546	180
1876	43	488	108
	513	4.478	1.362

Es kamen somit im Ganzen 5.840 Behandlungstage auf 513 Erkrankungen oder durchschnittlich 11,3 Behandlungstage auf den einzelnen Krankheitsfall.

Die Reconvalescenz ist bei den leichteren Erkrankungen an
Hitzschlag eine merkwürdig schnelle, denn wir sehen häufig genug,
dass Leute, welche unter recht bedrohlichen Erscheinungen erkrankt
waren, schon am nächsten Morgen munter und gesund ihren Marsch
wieder fortsetzen. Es ist dies der beste Beweis dafür, dass es sich
in solchen Fällen nicht um tiefer gehende Organ-Erkrankungen,
sondern nur um vorübergehende Störungen in der Herzthätigkeit
handele. In schweren Fällen klagen die Patienten noch einige
Tage lang über allgemeine Mattigkeit, Verdauungsstörungen, Kopfschmerzen und vielfach bleibt noch längere Zeit eine Unregelmässigkeit des Pulses und eine Reizbarkeit des Herzmuskels gegen höhere

---

*) In den übrigen Jahresberichten ist leider die Behandlungsdauer nicht
angegeben. Dasselbe gilt von den englischen und oestreichischen Jahrbüchern.

Temperaturen zurück, doch ist damit im Allgemeinen der Krankheits-Verlauf beendet und eine vollkommene restitutio ad integrum erzielt.

Allerdings findet auch in einzelnen Fällen nur eine unvollkommene Genesung statt, doch gehört dies beim Hitzschlage immerhin zu den Ausnahmen, während der Sonnenstich und Wärmeschlag ungleich viel häufiger zu bleibenden Störungen der Gesundheit führen.

VII. Differentielle Diagnose.

Streng genommen kann die Diagnose beim Hitzschlage nur
dann auf Schwierigkeiten stossen, wenn es absolut unmöglich ist,
sich über die Aetiologie des vorliegenden Falles genügend zu orien-
tiren. Während des Marsches dürfte, namentlich wenn es sich
gleichzeitig um mehrere Fälle handelt, wohl kaum ein Zweifel
aufkommen, und sind deshalb auch nur wenige Krankheiten zu besprechen, welche möglicherweise mit Hitzschlag verwechselt werden könnten.

Es passirt dem Militairarzte beinahe auf jedem Marsche, dass
er zu einem Manne gerufen wird, welcher, wie der Soldat sich ausdrückt, „schlapp" geworden, d. h. unterwegs liegen geblieben ist.
Man findet dann ein muskelschwaches Individuum — unter 10 Fällen 9mal einen Handwerker — mit bleicher, schweissbedeckter Haut,
mit kleinem, fadenförmigen Pulse und mit oberflächlicher, kaum
sichtbarer Respiration. Dergleichen Zufälle kommen zu jeder Jahreszeit, am häufigsten an warmen Tagen vor, und lässt es sich daher
auch nicht abläugnen, dass die hohe Temperatur der Luft die Entstehung derartiger Anfälle wesentlich begünstigt. Auf der andern
Seite ist man indessen nicht berechtigt, dieselben ohne Weiteres als Hitzschlag aufzufassen, da hierbei ein wichtiges Krankheitssymptom, die enorme Erhöhung der Körpertemperatur fehlt. Es
kommen allerdings auch hierbei Temperaturerhebungen vor, jedoch
erreichen dieselben nie jene extreme Höhe, wie wir sie beim Hitzschlage kennen gelernt haben. Derartige Anfälle gehören, vom
symptomatischen Standpunkte aus betrachtet, unter die Rubrik

„Syncope", verdienen jedoch, wenn sie sich während eines Mar-
sches häufen, immerhin Beachtung, da sie Vorläufer der wirklichen
Hitzschlag-Fälle bilden und dem Truppenarzte gewissermaassen ein
„Achtung!" zurufen.

Die Prodromal-Erscheinungen des Hitzschlages würden, falls
man sie mit einem allgemein bekannten Symptomen-Complexe,
vergleichen wollte, am besten mit dem einer hochgradigen Gehirn-
resp. Lungenhyperaemie in Parallele zu stellen sein, nur dass bei
den letzteren die für Hitzschlag characteristische enorme Erhöhung
der Körpertemperatur zu fehlen pflegt. Unmittelbar vor dem Eintritt der Bewusstlosigkeit kann der Hitzschlag, besonders wenn bereits Coordinationsstörungen bestehen, mit acutem Alkoholismus
verwechselt werden, doch dürfte auch hier die Erhöhung der Temperatur und das Fehlen des penetranten Geruches nach „Schnaps"
vor diagnostischen Irrthümern schützen. Unter den weitern Krankheiten, die nach dem Verluste des Bewusstseins zur Verwechselung
mit Hitzschlag führen könnten, dürfte in erster Reihe die Apoplexia cerebri zu nennen sein. Die Bewusstlosigkeit, die verengte
Pupille und das Erbrechen bedingen bei oberflächlicher Betrachtung
allerdings eine gewisse Aehnlichkeit mit Apoplexie, doch dürfte der
volle, verlangsamte Puls einerseits, und das Auftreten allgemeiner
Convulsionen, sowie die hohe Körpertemperatur andererseits, die
Diagnose ausser allen Zweifel stellen.

Nicht ganz so einfach wie beim Hitz- und Wärmeschlage, von
welchem das vorhin Gesagte ebenfalls gilt, liegt die Sache beim
Sonnenstiche. Hier ist eine Verwechselung mit Pachy- und Lepto-
Meningitis, besonders in den späteren Krankheitsstadien sehr leicht,
zumal da diese Krankheiten sämmtlich zur Absetzung eines serösen oder fibrinösen Exsudates führen können. In Folge dessen
kann auch der Symptomen-Complex sich so sehr ähneln, dass nur
die sorgfältigste Erwägung aller aetiologischen Momente vor ver-
hängnissvollen Irrthümern zu bewahren vermag.

VIII. Prognose.

———

Die leichteren Erkrankungen an Hitzschlag gehen bei körperlicher Ruhe und reichlicher Wasserzufuhr ohne weitere Behandlung in Genesung über*). Auch Fälle mit erheblicher Wärmesteigerung verlaufen, so lange sie nicht das stadium irritationis überschreiten, bei energischer Wärme-Entziehung im Allgemeinen günstig; ist dagegen bereits das Depressionsstadium eingetreten, so dürfte die Prognose mindestens als dubia zu bezeichnen sein.

Trotzdem ich schon in der Symptomatologie sämmtliche Erscheinungen analysirt habe, muss ich doch bei dieser Gelegenheit noch einmal auf die prognostische Bedeutung einzelner Symptome zurückkommen. Wie wir wissen, liegt der Schwerpunkt des ganzen Symptomencomplexes in der enormen Erhöhung der Körpertemperatur, und wäre es deshalb überaus wichtig, im concreten Falle den Grad dieser Temperatursteigerung genau zu kennen. Eine Messung ist indessen auf dem Marsche, selbst wenn ein Thermometer zur Hand sein sollte, viel zu zeitraubend, und eine Abschätzung nach dem Gefühle eine unsichere Sache. Für solche Fälle haben wir in dem Verhalten der Hautthätigkeit einen, nach meinen Erfahrungen ziemlich zuverlässigen Massstab. So lange nämlich die Schweisssecretion nicht vollständig versiegt ist, so lange erreicht die Körper-Temperatur keine exessive Höhe;

———

*) Im Sommer 1872, während der deutschen Occupation von Frankreich, erkrankten auf einem Marsche in der Champagne von meinem damaligen Bataillone 15 Mann an leichteren Graden des Hitzschlags. Mit Ausnahme eines Einzigen waren Alle nach 1—2 Stunden wieder hergestellt.

fühlt sich jedoch die Haut trocken und spröde an, so nähert oder überschreitet die Temperatur sicher 41,0⁰ und die Prognose wird quoad vitam ungünstig.

War die Schweissabsonderung im Beginne des Anfalles gänzlich verschwunden gewesen und beginnt dieselbe sich im weiteren Verlaufe der Krankheit wieder zu zeigen, so pflegt sich ein baldiger Nachlass der schweren Erscheinungen einzustellen. Bevor indessen die Thätigkeit der Haut nicht zur Norm zurückgekehrt, namentlich so lange sich nicht eine reichliche Transspiration und Diurese eingestellt hat, ist auf eine definitive Entfieberung nicht zu rechnen.

Besondere Beobachtung verdient ausserdem das Verhalten der Pupille. Reagirt dieselbe, wenn auch träge, gegen einfallendes Licht, so ist, falls hierin nicht bald eine Aenderung eintritt, die Erkrankung als eine leichtere zu betrachten. Wird die Pupille jedoch eng und vollkommen bewegungslos, so gehört der Fall zu den schweren und der Zustand ist in hohem Grade Besorgniss erregend. Erweitert sich die Pupille im Depressionsstadium, und zwar ohne Reaction gegen Lichtwechsel zu zeigen, so steht der exitus letalis binnen Kurzem bevor, während andererseits die Wiederkehr der Reaction als ein günstiges Omen zu begrüssen ist.

In Bezug auf constitionelle Verschiedenheiten glaube ich schliesslich noch hervorheben zu müssen, dass bei grossen, muskulösen Personen die Prognose im Allgemeinen ungünstiger als bei kleineren und schwächeren zu stellen ist, und zwar aus Gründen, die ich schon früher auseinander gesetzt habe.

IX. Nachkrankheiten, Invalidität und Mortalität.

———

Unter den mannigfaltigen Störungen, welche die verschiedenen Erkrankungen hinterlassen, ist in erster Reihe, abgesehen von der Neigung zu Rückfällen, die grosse Reizbarkeit des Herzmuskels gegen hohe Temperaturen hervorzuheben. Besonders auffallend ist dies nach Anfällen von Wärmeschlag, wo noch lange Zeit nachher die geringste Muskelanstrengung genügt, um das Leben der Kranken ernstlich zu gefährden. „The effort to talk", schreibt ein englischer Marine-Arzt*), „to sit up, to walk, or even to go to stool, sufficed to bring on a recurrence of the dyspnoea.... The necessity for maintaining the utmost tranquillity was so apparent, aud the difficulty of maintaining it so great, that it was necessary to station a man by each patient, to prevent his talking or siting up until permitted." Diese leichte Erregbarkeit des Herzmuskels, welche sich auch gegen andere Reize z. B. Alkohol documentirt, besteht vielfach in gewissem Grade noch Jahre lang fort, sodass die Betreffenden für ihr ganzes Leben zu anstrengender körperlicher Thätigkeit unfähig bleiben.

Mit dieser Herzschwäche sind noch eine Reihe anderer Erscheinungen, wie Dyspnoe, Kopfschmerz, Ohrensausen und Schwindel in Zusammenhang zu bringen, welche sich bei jeder körperlichen oder geistigen Anstrengung zu zeigen und noch nach Jahren regelmässig

———

*) Marine-Bericht von 1871, S. 238.

während der heissen Sommermonate zu exacerbiren pflegen. Für solche Leute bleibt dann, falls sie nicht unrettbar einem elenden Siechthume verfallen wollen, gar nichts Anderes übrig, als die tropischen Gegenden möglichst schnell zu verlassen und ihren Aufenthalt dauernd in einem gemässigteren Klima zu wählen.

Nebenbei gesagt ist diese, nach Wärmeschlag zurückbleibende Herzschwäche ein weiterer Beweis für die Richtigkeit der Annahme, dass das eigentliche Wesen der Krankheit auf einer Affection des Herzmuskels beruhe.

Wie wir wissen, liess sich bei den Autopsieen constant eine enorme Blutüberfüllung der Lungen nachweisen, und kann es uns deshalb auch nicht wundern, wenn wir unter den Nachkrankheiten eine relativ grosse Anzahl von Lungen-Affectionen zu verzeichnen haben. Besonders häufig bleibt nach Hitzschlag ein heftiger Husten mit mehr oder minder reichlichem Auswurfe zurück, und selbst wirkliche Pneumonien und Pleuritiden sind gar nicht so sehr selten. So erkrankten z. B. beim ostpreussischen Füsilier-Regimente No. 33, abgesehen von den 4 tödtlich verlaufenden und von Obernier publicirten Fällen, noch je 1 Mann an Bronchitis, an doppelseitiger Rippenfell-Entzündung und an linksseitiger Pneumonie*).

Zu erwähnen wäre noch an dieser Stelle die Entstehung einer Neurose des N. vagus, welche zweimal (Ullmann und Siedamgrotzcki) beobachtet wurde, und vielleicht auf einen Blutaustritt in das Neurilem zurückzuführen sein dürfte.

Ein Zurückbleiben von Störungen im Bereiche der sensitiven Nerven wird ziemlich häufig beobachtet, und sind hierher die verschiedenen Neuralgieen, die längs der Wirbelsäule und bis in die Extremitäten ausstrahlenden Schmerzen, sowie die wirklichen Lähmungen (Anesthesieen) zu rechnen. Motilitätsstörungen, d. h. Paresen und Paralysen, sind im Ganzen genommen noch häufiger als Sensibilitätsstörungen und scheinen vorwiegend die unteren Extremitäten zu betreffen. Merkwürdig in dieser Beziehung ist ein von Thin mitgetheilter Fall, in welchem ein Steward regelmässig Paraplegie beider Beine bekam, sobald er sich kurze Zeit der Einwirkung der directen Sonnenstrahlen aussetzte. Auch im Gebiete

---

*) Nach brieflicher Mittheilung des Oberstabsarztes Dr. Baltes.

der Sinnesnerven sind ähnliche Störungen beobachtet worden. So sah Reyher und Darrach Amaurose, Beard Taubheit und Wald*) Gehörssallucinationen zurückbleiben, welche in dem letztgenannten Falle die Ueberführung des Betreffenden in eine Irrenanstalt nothwendig machten.

Alle diese Lähmungs-Erscheinungen gehören fast ausnahmslos dem Sonnenstich an und beruhen unzweifelhaft auf der Absetzung eines fibrinösen Exsudates, dessen Sitz je nach den auftretenden Erscheinungen verschieden ist. Dass es sich hierbei in der That nur um Exsudate, nicht um wirkliche Erkrankungen des Gehirns handle, beweist der Umstand, dass der grösste Theil dieser Störungen nach einiger Zeit wieder vollständig verschwindet.

Alterationen der psychischen Thätigkeiten sind, besonders nach Sonnenstich, ebenfalls ziemlich häufig. Esquirol z. B. führt unter 209 Fällen von „Manie" 5 auf, welche nach Insolation und 14, die durch Einwirkung von künstlicher Wärme (exposition au feu) entstanden waren. Ausserdem finden sich in der Litteratur noch eine ganze Reihe von Erkrankungen verzeichnet, in welchen Zerstreutheit, Gedächtnissschwäche, langsame Fassungskraft, Sprachstörungen, grosse psychische Reizbarkeit u. s. w. nach Anfällen von Sonnenstich zurückgeblieben waren. Derartige Individuen sind nicht geradezu als geisteskrank zu bezeichnen, aber sie schweben in beständiger Gefahr, es bei der nächsten Gelegenheit zu werden. Hier handelt es sich wahrscheinlich, wie Arndt annimmt, nicht um einfache Hyperaemieen, sondern um wirkliche, durch chronische Reize bedingte Veränderungen der Nerven-Elemente selbst, wie wir sie bereits auf S. 45 kennen gelernt haben.

Zu den parenchymatösen Erkrankungen sind schliesslich noch die Leberabscesse zu rechnen, welche von einzelnen Autoren, wie Fayrer**) und Simpson beobachtet worden sind.

Man sieht, die Reihe der Nachkrankheiten ist ziemlich lang, und so kann es uns auch nicht wundern, dass in den verschiedenen Armeen alljährlich eine gewisse Anzahl von Leuten durch Invalidität ausscheidet. Relativ selten geschieht dies nach Erkrankungen an Hitzschlag, denn die preussischen Sanitätsberichte von

---

*) Bd. II, S. 144.
**) Fayrer, J., Liver abscess. The Practitioner, 1877, July.

1867 bis 1873 74 führen einen Mann als „anderweitig abgegangen"
auf, und ist mir ausserdem nur noch ein Fall aus der bayrischen
Armee bekannt geworden. Die englischen Rapporte, welche sich
hauptsächlich auf sun-stroke beziehen, weisen dagegen pro 1859 bis
1873 bei 106 Erkrankungen schon 3 Invalidisirungen = 2,83 p. C.
auf, und noch höher beziffert sich dieser Procentsatz für die engliche Marine. Bei derselben erkrankten nämlich von 1867 bis
1876*) 513 Mann (= 1,17 p. m. der Gesammtstärke) und zwar
vorwiegend an Wärmeschlag, von denen 23 oder 4,44 $^0/_{00}$ invalidi-
sirt wurden. Ungefähr dasselbe Verhältniss ergiebt sich für die
englisch-indische Armee, bei welcher in den Jahren 1861 bis 1873
von 2.298 Erkrankten 106 oder 4,60 $^0/_{00}$ als invalide entlassen
werden mussten.

Ganz überaus schwierig ist es, die Mortalität richtig
festzustellen. Bei der deutschen Armee ereigneten sich während
des vorhin erwähnten Zeitraumes 265 Erkrankungen mit 72 Todesfällen, was einer Mortalität von 27,17 Procent entspricht. Nach
meinem Dafürhalten dürfte dies, wenigstens für unsere Verhältnisse, den richtigsten Massstab abgeben, da die Sanitätsberichte
sowohl die in den Lazarethen, als auch die „im Revier" d. h. am-
bulant behandelten Kranken umfassen. Es sind mithin in dieser
Summe einerseits alle jene leichter Erkrankten einbegriffen, die,
wenn auch nur kurze Zeit, einer ärztlichen Behandlung bedurf-
ten, andrerseits alle diejenigen ausgeschlossen, die nur an vorüber-
gehendem Unwohlsein litten, und die man in Süddeutschland mit
dem treffenden Namen „Marode" bezeichnet. Wollte man die
letzteren mit in Rechnung ziehen, so würde sich die Mortalitätsziffer beim Hitzschlage noch viel günstiger gestalten. Legte man
z. B. bei dieser Berechnung das auf S. 15 erwähnte Ereigniss am
Mincio zu Grunde, so würde die Mortalitätsziffer sogar bis auf
1,30 $^0/_{00}$ herabsinken.

Dies entspricht ungefähr der Sterblichkeit (1,17 ^{0} $_{00}$) für die
östereichische Armee von 1870 bis 1875, während sich bei der
englischen Armee in den Jahren 1859 bis 1874 eine Mortalität von
6,63 Procent herausstellte.

Aus dem Abschnitte über die geographische Verbreitung wissen

---

*) Ausschliesslich 1874.

wir bereits, dass die Frequenz des Wärmeschlags nach dem Wärme-
aequator hin allmälig zunimmt und dass gleichzeitig die Mortalitätsziffer in demselben Verhältnisse anwächst. Ich kann nun unmöglich alle die hierauf bezüglichen Daten an dieser Stelle noch
einmal wiederholen und will mich deshalb auf zweierlei Angaben,
auf die der englischen Marine und der indischen Armee beschränken. Bei der ersteren, die bekanntlich über den ganzen Erdball
zerstreut ist, kamen in dem vorhin erwähnten Zeitraume 513 Erkrankungen mit 30 Todesfällen (5,84 $^{0}/_{00}$) vor, bei der letzteren
ereigneten sich 1861 bis 1873 2.298 Erkrankungen mit 890 Todesfällen, oder 38,72 $^{0}/_{00}$. Noch höhere Ziffern führen Barclay
(39,63 $^{0}/_{00}$), Hill (51,38 $^{0}/_{00}$) und Gordon (88,09 $^{0}/_{00}$!) auf, doch
basiren diese Angaben auf relativ kleinen Zahlen. Für Nordame-
rika findet sich bei Swift, welcher allerdings nur schwere Fälle in
den Hospitälern behandelte, eine Mortalitätsziffer von 52,0 $^{0}/_{00}$, während bei der Epidemie vom Jahre 1878 in St. Louis und Umgegend
in runder Summe 2000 Erkrankungen mit etwa 250 Todesfällen
= 12,5 $^{0}/_{00}$ vorkamen.

Vergegenwärtigen wir uns noch einmal das, über die verschiedenen Krankheitsformen und Ausgang Gesagte, so sehen wir, dass
der Sonnenstich quoad vitam eine bessere Prognose giebt als der
Hitzschlag, dass aber bei letzterem fast ausnahmslos eine vollständige restitutio ad integrum erfolgt, während ersterer relativ häufig
Nachkrankheiten hinterlässt. Die grösste Mortalität weist unzweifelhaft der Wärmeschlag auf, und dürfte derselbe deshalb etwa in
gleiche Reihe mit den perniciösen Tropenkrankheiten wie Cholera
und gelbem Fieber zu stellen sein.

X. Prophylaxis.

Dieselbe ist beim Hitzschlage von um so grösserer Bedeutung, als unsere Therapie bei ausgebildeten Krankheitsfällen ziemlich ohnmächtig ist.

Die besten Mittel, das Auftreten des Hitzschlages zu verhüten sind: 1, sorgfältige Trainirung der Mannschaften und 2, Beobachtung aller Vorsichtsmassregeln während des Marsches. Ersteres ist Sache des Truppencommandeurs, letzteres des Militairarztes, welcher unter Umständen für Unglücksfälle ebenso verantwortlich wie der betreffende Befehlshaber ist.

Dass eine, aus älteren Mannschaften zusammen gesetzte Truppe besser, vor allen Dingen ausdauernder marschirt und weniger „Marode" zurücklässt, als eine aus Rekruten bestehende, ist eine allbekannte Thatsache. Man muss daher den Werth einer rationellen Trainirung der Mannschaften recht hoch veranschlagen, aber man darf auf der anderen Seite auch nicht glauben, dass man die Leute an die Hitze gewöhnen könne. Es ist eben nach physiologischen Gesetzen unmöglich, andauernde Körperanstrengungen bei hoher Temperatur ohne Steigerung der Eigenwärme zu ertragen, und alle Versuche nach dieser Richtung hin werden und müssen unglücklich enden. Die Erkenntniss dieser Thatsache hat sich leider noch nicht genügend Bahn gebrochen, und noch mancher hoffnungsvolle Jüngling wird unter den glühenden Sonnenstrahlen zusammenbrechen und unter schrecklichen Zuckungen seinen Geist aushauchen müssen, ehe man allgemein zu der Einsicht gelangt ist, dass die menschliche Natur nur bis zu einem gewissen Grade den Elementen Widerstand zu leisten vermag. „Contre la force majeure il n'y a pas de resistance", sagt sehr richtig ein französisches Sprüchwort, und deshalb sollte man derartigen Naturereignissen gegenüber lieber auf einen Weitermarsch verzichten, als die Fortsetzung desselben durch den Verlust von wer weiss wie viel Menschenleben erkaufen. Ich bezweifle sehr, ob ein Vorgesetzter seinem Untergebenen einen Vorwurf daraus machen würde, wenn derselbe angesichts der drohenden Gefahr umkehrt: im Gegentheil, ich glaube es gehört unter Umständen mehr Umsicht dazu, verhängnissvolle Catastrophen zu verhüten, als einen wirklichen Feind zu besiegen. Und schliesslich — the last not least — gewährt das Bewusstsein, für kein verlornes Menschenleben verantwortlich zu sein, doch gewiss auch eine wohlthuende Befriedigung.

Selbstverständlich müssen alle diese Rücksichten schweigen, wenn es sich im Kriege z. B. um Erreichung strategisch wichtiger Positionen handelt. Aber auch hier wird man wohl thun, die Anforderungen der Hygiene nicht gänzlich ausser Acht zu lassen, da es unter Umständen von der allergrössten Bedeutung werden kann, in welchem Zustande die Truppen an Ort und Stelle gelangen. Was würde wohl, um nur ein Beispiel anzuführen, aus der russischen Division bei Kimpina geworden sein, wenn sie auf ein einziges, frisches feindliches Bataillon gestossen wäre? — Ausserdem muss man noch dabei bedenken, dass die straffste Disciplin den Natur-Gewalten gegenüber nicht Stand hält. Der Untergang der französischen Armee in Russland beweist dies nur zu schlagend.

In Friedenszeiten und sobald es sich um einfache Uebungsmärsche handelt, wird man daher an besonders heissen Tagen alle anstrengenden Truppenübungen am besten gänzlich unterlassen. Allerdings wird es zuweilen schwer zu entscheiden sein, ob z. B. marschirt werden soll oder nicht, und in solchen Fällen dürfte die Witterung des vorigen Tages den Ausschlag geben. Hatte am Tage vorher das Thermometer zur Mittagszeit 20° R. im Schatten erreicht oder gar überschritten, und sind inzwischen keine Veränderungen in der Athmosphäre eingetreten, so sollte, wenn man die Wahl hat, der Marsch unbedingt unterbleiben. Ist dies indessen nicht zulässig, so theile man denselben in der Weise, dass man die grössere Hälfte des Weges in den frühen

Morgenstunden, den Rest aber gegen Abend zurücklegen und die Leute über Mittag ausruhen resp. abkochen lässt. Sollte letzteres aus öconomischen Rücksichten auf Schwierigkeiten stossen, so verwandle man die Märsche geradezu in Nachtmärsche, wie dies vielfach im Jahre 1866 geschehen ist. Unzweifelhaft hat ein Nachtmarsch seine grossen Schattenseiten, aber auch den unverkennbaren Vortheil, dass die Truppen nicht durch Hitzschlag decimirt werden. In dieser Hinsicht ist ein Beispiel äusserst lehrreich, welches Barclay aus Ostindien mittheilt. Das 13te englische Linien-Regiment sollte während der heissesten Jahreszeit von Nuddeah nach Berhampore (ca. 60 englische Meilen) marschiren. Der linke Flügel des Regiments, welcher auf Dr. Mouat's Rath zur Nachtzeit marschirte, hatte 63 Erkrankungen aber keinen Todesfall an Hitzschlag, während der rechte Flügel (Dr. Henderson) 18 Todesfälle und einige 60 Schwerkranke zählte, von denen am nächsten Morgen noch 3 starben.

Ist man, wie bei Uebungsmärschen, nicht an einen bestimmten Tag gebunden, so wähle man nie die auf Sonn- und Festtage folgenden Wochentage. Der Sonntag ist nun einmal derjenige Tag, an welchem sich der Soldat „amüsiren" will, und das Resultat dieses Vergnügtseins pflegt in der Regel am nächsten Tage ein gehöriger Katzenjammer zu sein. So gleichgültig dies auf den ersten Blick erscheint, so folgenschwer kann es unter Umständen werden, und ich könnte aus eigener Erfahrung mehrere Beispiele anführen, in denen junge Leute eine durchschwärmte Nacht mit dem Tode bezahlen mussten. Es sind bekanntlich immer bestimmte Tage, die im militairischen Leben gewissermassen zu Ausschweifungen aller Art bestimmt sind, und dazu gehört erfahrungsgemäss der Abend vor dem Ausmarsche zum Mannöver. Gerade hier empfiehlt es sich, keinerlei Urlaub über den Zapfenstreich zu ertheilen, und, falls die Truppen kasernirt sind, streng darauf zu halten, dass sich die Mannschaften zur gehörigen Zeit in's Bett begeben, damit die ohnehin schon verkürzte Nachtruhe nicht noch durch unnöthigen Lärm gestört werde.

Vor dem Ausmarsche ist darauf zu achten, dass die Leute ihr gewohntes Frühstück geniessen, keinesfalls aber mit nüchternem Magen abmarschiren oder gar nur eine Quantität Schnaps zu sich nehmen. Auf die Beschaffenheit des Terrains ist an

solchen Tagen, wo das Auftreten von Hitzschlag zu befürchten
steht, gleich beim Ausmarsche Rücksicht zu nehmen, namentlich
sind Sandwege, Kieferwälder und langgestreckte Defileen möglichst
zu vermeiden und ist von tactischen Uebungen von vornherein Abstand zu nehmen. Für sehr zweckmässig halte ich es ferner, die
Leute bei heisser Witterung in Drillichjacken, nicht in Waffen-
röcken marschiren zu lassen, weil auf diese Weise eine ausgiebigere
Abkühlung des Körpers erzielt wird.

Für anstrengendere Märsche empfiehlt es sich ausserdem, das
Gepäck auf Wagen nachfahren zu lassen, wie dies in den
letzten Kriegen bereits vielfach geschehen ist. Man hat dabei zugleich den Vortheil, die schwer Erkrankten mitnehmen zu können,
nur warne ich davor, diese Wagen dem Truppentheile in kurzer
Distance folgen zu lassen. Es giebt immer eine gewisse Klasse
von Leuten, die es mit dem „Austreten", ja selbst mit einer
Ohnmacht nicht so genau nehmen, wenn sie sich dadurch einen
Platz auf einem Wagen erobern können.

Während des Marsches selbst achte man, namentlich wenn es
sich um grössere Truppenmassen handelt, auf die stricte Ein-
haltung der vorgeschriebenen Abstände, welche womöglich
auf das Doppelte oder Dreifache auszudehnen sind. Dadurch wird
einerseits der lästige Staub abgehalten und andererseits vermieden,
dass sich momentane Stockungen über die ganze Länge der Trup-
pencolonne fortpflanzen. Gerade derartige Störungen und Aenderungen im Marschtempo ermüden auf die Dauer ungemein und
erzeugen sehr leicht eine missmuthige Stimmung unter den Mannschaften.

Ueberaus gefährlich an heissen Tagen ist das Marschiren
in dicht aufgeschlossener Colonne*), weil dadurch die Luftcirculation zwischen den Gliedern in hohem Grade erschwert wird.
Zeigen sich unter solchen Umständen Vorboten des Hitzschlages,
so empfiehlt es sich, die Marschformation schleunigst zu ändern
und in zwei, höchstens 3 Gliedern marschiren zu lassen. Gerade
bei kleineren Truppenabtheilungen lässt sich dies sehr leicht in

---

*) Schon die alten Römer wussten, worauf Niebuhr in seiner Sitten-
geschichte aufmerksam macht, dass Nichts die Soldaten mehr ermüde als das
Marschiren in enggeschlossenen Reihen.

der Weise durchführen, dass das eine Glied rechts, das andere
links am Wege marschirt. Ausserdem ist der Abstand zwischen
den einzelnen Leuten zu vergrössern, sodass die Distance ungefähr
einen Meter beträgt. Auch insofern ist eine Aenderung in der
Marschformation zu treffen, als die Compagnie an der Queue nach
einer bestimmten Zeit abzulösen ist, da es sich hier bekanntlich
am schwersten und unangenehmsten marschirt.

Auf dem Marsche gestatte man den Leuten kleine und doch
wesentliche Erleichterungen, wie das Oeffnen der Kragen, das
Lockern der Halsbinden und das Aufmachen einzelner Rockknöpfe.
Es beseitigt dies die Stauung des Blutes in den oberflächlichen
Halsvenen und wirkt durch die energischere Verdunstung des
Schweisses ungemein erfrischend. Zugleich beugt man durch diese
absichtliche und rechtzeitige Nachsicht dem Uebelstande vor, spä-
terhin dergleichen Freiheiten übersehen zu müssen.

Die Rendez-vous sind an heissen Tagen häufiger zu machen
und auf die Dauer von 1 bis 1$\frac{1}{2}$ Stunde auszudehnen, damit die
Leute im Stande sind, sich gehörig abzukühlen. Zu Halteplätzen
sind schattige Stellen, womöglich am Rande eines Laubwaldes, nie
aber freies Feld auszuwählen, da hier die unmittelbar über
dem Erdboden lagernden Luftschichten immer noch um einige
Grade wärmer als die übrige Luft zu sein pflegen. Während der
Ruhepausen lasse man das Gepäck ablegen, damit jedes Hinderniss für die Athmung und Wärmestrahlung beseitigt werde. Des-
gleichen sind die Helme abzusetzen und nicht etwa ängstlich darüber zu wachen, dass die Leute sich nicht „den Kopf erkälten".
Ueberhaupt ist die Feldmütze bei grosser Sonnenhitze dem Helme
unbedingt vorzuziehen, weil sie dem Kopfe grösseren Schutz gegen
die Sonnenstrahlen gewährt*). Bei der Wahl des Halte-Platzes ist
ferner die Nähe guten Trinkwassers zu berücksichtigen, dessen Genuss man den Leuten ohne Bedenken gestatten kann. Die Gefahren des kalten Trunkes wurden früher entschieden überschätzt,
doch geht man auf der anderen Seite wiederum zu weit, wenn

---

*) Nach einstündigem Marsche in heisser Julihitze schwankte die Tem-
peratur im Innern eines luftigen Seidenhutes zwischen 42 und 46^0, während
sie im Innern der metallischen oder schwarzlackirten Kopfbedeckungen der
Soldaten 70^0 und noch mehr betrug (Vallin).

man den Tod in Folge des kalten Trunkes ohne weiteres in das
Gebiet der Fabel verweist. Allerdings kann das plötzliche Hin-
unterstürzen grösserer Wassermengen von nachtheiligen Folgen
sein*), und deshalb empfiehlt es sich, das Wasser in kleineren
Portionen an die Leute vertheilen zu lassen. Genügt dies für den
Einen oder Anderen nicht, so ist die Austheilung so oft zu
wiederholen, bis jeder Mann seinen Durst vollständig gelöscht hat.
Da die Wichtigkeit der Schweisssecretion bereits hinreichend
besprochen ist, so brauche ich hier nur hervorzuheben, dass
durch diese reichliche Wasserzufuhr dem Blute nicht nur
ein vollständiger Ersatz für den Verbrauch geleistet, sondern
auch ein gewisser Vorrath für den eventuellen Mehrbedarf beschafft
werden muss. Ich halte diesen Punkt gerade deshalb für ungemein wichtig, weil ich mich zu der Ansicht hinneige, dass der
Hitzschlag in unseren Gegenden bei gesunden Leuten beinah nicht
vorkommen könne, so lange rechtzeitig und genügend für Wasser
gesorgt wird. In dieser Annahme bestärkt mich der Umstand, dass
Wärmeschlag bei den Heizern unserer Marine deshalb relativ selten
ist, weil dieselben enorme Mengen von Flüssigkeiten (Haferschrot-
Abkochung) zu sich nehmen**). Befindet sich in der Nähe des
Halte-Platzes hinreichend Wasser, so lasse man, sobald Gefahr
droht, Kopf, Gesicht und Hände mit Wasser befeuchten, durch
dessen Verdunstung eine beträchtliche Abkühlung erzielt wird. In-
stinctmässig ahmen dies unsere Leute dadurch nach, dass sie den
Helm mit frischgepflückten Baumblättern füllen, wodurch der Kopf
entschieden kühl erhalten wird. In Indien gebraucht man als
Präservativmittel gegegen Hitzschlag wiederholtes Begiessen des
ganzen Körpers mit Wasser, das bei heissem ¡Wetter zu diesem
Zwecke auf Kameelen und Elephanten mitgeführt wird***).

-----

*) Hermann weist darauf hin, dass der Gefässbezirk der Baucheinge-
weide fast die gesammte Blutmasse beherbergen kann, und dass umgekehrt
durch Contraction dieses Gefässbezirkes, z. B. bei vom Magen aus wirkender
Kälte, der arterielle Blutdruck enorm steigt. Hierauf beruht die Gefahr des
„kalten Trunkes".
**) Auf einem Marsche von Bukkur nach Dadur (Ostindien) verlor das
23 te Regiment 12, das Bengal-Regiment 30 Leute durch Hitzschlag. Ersteres führte Wasserkrüge mit sich, letzteres nicht.
***) Auch unter unserem Medicin-Karren befindet sich ein Wasserfässchen,

Als ganz practisch hat sich während des letzten deutsch-französischen Krieges die Einrichtung erprobt, ein Commando in die zu passirenden Ortschaften vorauszuschicken und längs der Strasse grosse Gefässe mit Wasser aufstellen zu lassen. Dadurch wird einestheils dem Bedürfnisse der Truppen ohne grossen Zeitverlust abgeholfen und anderentheils stellt man nie die Diciplin auf eine bedenkliche Probe. Der quälende Durst und das instinctive Verlangen nach Wasser kann nämlich unter Umständen einen solchen Grad erreichen, dass selbst die best disciplinirte Truppe beim Anblicke von Wasser ausser Rand und Band geräth.

Frisches klares Wasser ist während des Marsches jedem anderen Getränke vorzuziehen; da dasselbe jedoch leicht schaal wird, so empfiehlt es sich, die Feldflaschen mit schwarzem Kaffee zu füllen, wie dies bei den französischen, in Algier stationirten Truppen schon längst Sitte ist*) und auch bei uns mehr und mehr Anklang findet. Der Genuss von Spirituosen ist während des Marsches gänzlich zu untersagen, da der augenblicklich belebenden Wirkung des Alkohols unausbleiblich eine nachhaltige Erschlaffung folgt.

Vor allen Dingen muss der Arzt ein wachsames Auge auf seine Truppe haben und, falls er beritten ist, die Colonne von Zeit zu Zeit an sich vorüberpassiren lassen. Auf diese Weise wird man sich am besten von der Marschfähigkeit der Leute überzeugen und bei drohender Gefahr rechtzeitig die nöthigen Maasregeln ergreifen können. Besondere Aufmerksamkeit verdient der Zustand der Truppe dann, wenn Gesang und Unterhaltung verstummen und sich die bekannten Rufe „Heranbleiben" u. s. w. häufiger hören lassen. Sobald das Auftreten wirklicher Hitzschlagfälle constatirt wird, muss, wenn es irgend wie angängig ist, der Weitermarsch vorläufig sistirt werden, weil sich sonst nicht nur die Zahl der Erkrankungen schnell häuft, sondern auch die Anfälle selbst immer schwerer und lebensgefährlicher zu werden pflegen.

---

dessen Inhalt mir auf den Märschen in Frankreich mehrfach recht wesentliche Dienste geleistet hat.

*) Delacoux, welcher selbst viele tausend Myriameter zu Fusse zurückgelegt hat, behauptet kein besseres Stärkungsmittel auf dem Marsche als kalten schwarzen Kaffee zu kennen. — Eine Mischung von Wasser und Essig schmeckt, sobald sie warm wird, ebenfalls fade.

Auch der beliebte Parademarsch beim Einrücken sollte unterbleiben, sobald die Truppe erschöpft ist, und ebenso ist das längere Stillstehen nach dem Marsche möglichst zu vermeiden. Die Hoffnung, das vor Augen liegende Ziel zu erreichen, treibt die Leute meist zur Aufbietung der letzten Kräfte, aber diese genügen nicht mehr, den Körper beim Stehen längere Zeit im Gleichgewichte zu erhalten. Um nun die Leute nach dem Einrücken nicht noch unnöthig durch die Ausgabe der Quartier-Billette u. s. w. aufzuhalten, dürfte es practisch sein, die Befehls-Ausgabe auf das grosse Rendez-vous zu verlegen, die Quartiermacher der Truppe entgegen zu schicken und die Billete schon während des Marsches vertheilen zu lassen.

Für ganz zweckmässig halte ich es auch, alle Leute, welche während des Marsches ausgetreten waren, beim Auseinandergehen dem Arzte vorzuführen, weil es mir selbst mehrfach vorgekommen ist, dass der Ausbruch des Hitzschlags erst längere Zeit nach dem Einrücken in die Quartiere erfolgte *).

Um sich in heissen Klimaten vor den Sonnenstrahlen zu schützen, ist es entschieden practisch, sich der Kopfbedeckung der Orientalen zu bedienen. Dieselben tragen nach Rigler auf dem geschornen Kopfe eine, mit dem Turban umwickelte wollene Mütze, unter der man sich um so leichter und freier fühlen soll, je mehr die Kopfhaut in Transspiration geräth. Auch der Gebrauch hellfarbiger Sonnenschirme ist unzweifelhaft empfehlenswerth, und hat neuerdings selbst bei uns zahlreiche Nachahmer gefunden.

Besondere Vorsichtsmassregeln sind gegen das Auftreten des Wärmeschlages auf Schiffen zu treffen, welche aus nördlicheren Breiten kommen. Zunächst ist die übliche Rum-Portion successive zu verringern und beim Eintreffen in den Tropen vollständig auszusetzen. Demnächst ist die Mannschaft auf Deck durch horizontal ausgespannte Segel vor den directen Sonnenstrahlen zu schützen, und ausserdem ist für ausgiebige Ventilation der Schiffsräume Sorge zu tragen. Der Dienst ist auf das zulässig geringste Mini-

---

*) Auch Arndt führt einen Fall an, in welchem ein Officier, der um 1½ Uhr Nachmittags zu Hause angelangt war und sich bis gegen 4 Uhr verhältnissmässig wohl gefühlt hatte, ganz plötzlich bewusstlos wurde und noch in der Nacht verstarb.

mum zu beschränken, jedoch auch andrerseits darauf zu achten, dass
die Mannschaften nicht ihre ganze freie Zeit müssig in den unteren, schlechter ventilirten Schiffsräumen zubringen. Während
des Aufenthaltes im Hafen lasse man die Leute womöglich Morgens
und Abends ein kaltes Bad nehmen, das auf hoher See durch
ein improvisirtes Regenbad oder Douche zu ersetzen ist, wie dies
in der englischen Marine auch vielfach geschieht. Da erfahrungsgemäss die Heizer und Maschinisten am meisten zu Erkrankungen
an Wärmeschlag disponirt sind, so ist es zweckmässig, dieselben
alle zwei, nicht alle vier Stunden abzulösen, die Leute danach
auf Deck zu schicken und baden zu lassen, um auf diese Weise
die erhöhte Körperwärme möglichst schnell und vollständig wieder
herabzusetzen.

Bei der Auswahl der für tropische Länder bestimmte Truppen,
sind von vornherein alle diejenigen auszuschliessen, welche aner-
kannte Säufer sind oder begründeten Verdacht auf Unmässigkeit
im Essen und Trinken erwecken. Ausserdem wäre es, wie Passauer richtig bemerkt, sehr wünschenswerth, wenn diejenigen Re-
gierungen, welche andauernd Truppen in tropischen Klimaten unterhalten, den Nachersatz erst einige Monate lang in einem subtropischen Depot unterbrächten, um auf diese Weise die Leute allmählig an die Einflüsse des tropischen Klimas zu gewöhnen. Zugleich gäbe dieser Aufenthalt die beste Gelegenheit, Schwächlinge
und Säufer zurückzubehalten und so eine wirkliche Kerntruppe her-
anzubilden. Ueberdies würden dadurch dem Staate die Kosten
eines unnöthigen Hin- und Hertransportes erspart, was nebenbei
auch in Anschlag zu bringen ist.

XI. Therapie.

———

Wohl bei keiner anderen Krankheit ist ein schnelles, sachgemässes Handeln so nothwendig und nirgends können therapeutische Missgriffe von so verderblichen Folgen werden, wie gerade beim Hitzschlage.

Der Kranke ist sofort an einen schattigen, kühlen Ort zu transportiren, seiner sämmtlichen Kleidungsstücke zu entledigen und mit etwas erhöhtem Oberkörper zu lagern. Ein vollständiges Entkleiden ist unbedingt nothwendig, und zwar einestheils um jedes Hinderniss für die Wärmestrahlung zu beseitigen, anderentheils um eine ausgedehnte Wärme-Entziehung zu ermöglichen. Zugleich sind die umstehenden Neugierigen zu entfernen, damit die Luftcirculation in der Umgebung des Kranken nicht beeinträchtigt werde.

Wir haben nun bei der Behandlung hauptsächlich zwei Indicationen zu erfüllen: 1, die Körpertemperatur herabzusetzen und 2, die drohende Herzparalyse zu bekämpfen. Vermag der Kranke noch zu schlucken, so gebe man ihm in kurzen Zwischenräumen reichliche Mengen Wasser zu trinken, wodurch nicht nur die Eigenwärme herabgesetzt, sondern auch die Wasserarmuth des Blutes beseitigt wird. Meistentheils äussern die Betreffenden selbst ein lebhaftes Verlangen nach Wasser; wo dies jedoch nicht geschieht, muss man die Kranken durch öfteres Vorhalten von Wasser zum Schlucken anregen. Es ist wirklich auffallend, welche enorme Mengen von Flüssigkeiten solche Kranken

in verhältnissmässig kurzer Zeit zu sich nehmen, und doch ist dies
wiederum nicht auffällig, wenn man erwägt, welchen Verlust an
Wasser das Blut resp. die sämmtlichen Gewebe erlitten haben.

Ist der Kranke nicht mehr im Stande zu schlucken, so gehe
man sofort zu energischen Wärme-Entziehungen über. Kalte Umschläge sind in ausgebildeten Fällen von Hitzschlag meist unzu-
reichend, und man verschwende deshalb keine Zeit damit, sondern
greife zu den wirksameren kalten Uebergiessungen. Ist Wasser in
hinreichender Menge vorhanden, so bringe man den Kranken in
eine halbsitzende Stellung und improvisire eine Douche in der Weise,
dass man aus einem Gefässe (Kochgeschirr) einen mässig starken
Wasserstrahl abwechselnd über Kopf, Brust und Rücken herab-
rieseln lässt. Diese Art der permanenten Irrigation ist überall leicht durchführbar und nach meinen Erfahrungen entschieden
wirksamer als das zeitweise Begiessen mit grösseren Wassermassen.
Auf die unteren Extremitäten lasse man inzwischen kalte, schnell
zu wechselnde Umschläge machen, oder, falls die Glieder schon
bleich und kühl erscheinen, energische Frottirungen der Haut vor-
nehmen. Ist eine Badewanne zur Hand, so säume man nicht, den
Kranken in ein kaltes Vollbad zu setzen, welches unzweifelhaft das beste Abkühlungsmittel bleibt. Schon Lieutaud hebt
die Wirksamkeit der kalten Bäder hervor, indem er sagt: „Pro-
fuerunt postremo balnea frigida pluribus, qui pro deploratis habe-
bantur, ac forte in re urgentissima sibi par non habet hoc reme-
dium". Auch Tissot berichtet von einem Officier, welcher nach
einem mehrtägigen Ritte in grosser Hitze in „Ohnmacht" fiel und
den man nur dadurch rettete, dass man ihn in ein eiskaltes Bad
steckte.

Noch energischer als die kalten Bäder dürften die zuerst von
Darrach empfohlenen Abreibungen mit Eis wirken, wenigstens
erzielte Levick damit relativ günstige Resultate, d. h. von 8 Erkrankten starben 2 (= 25 $^0/_{00}$), während von .12, mit Reizmitteln
Behandelten, 7 oder 58,5 p. C. zu Grunde gingen. Auch in Form
von Eiswasserklystieren ist die Anwendung der Kälte empfohlen
worden (Johnson), doch dürfte ihr ebensowenig wie der künstlichen Kälte-Erzeugung (Auftröpfeln von Aether nach Helbig) eine
practische Bedeutung zuzumessen sein.

Die Wärme-Entziehungen sind bis zur Rückehr des Bewusstsein und bis zum Eintritt normaler Temperaturen fortzusetzen. Gerade der letzte Punkt ist wohl im Auge zu behalten, da die definitive Entfieberung zuweilen sehr spät eintritt, und die Kranken nach einiger Zeit wieder in den soporösen Zustand zurückversinken. Ueberaus wirksam erweisen sich die energischen Kälte-Entziehungen bei allgemeinen Convulsionen, deren Heftigkeit und Dauer dadurch wesentlich abgekürzt wird. Ganz auffallend trat dies in einem Falle hervor, den ich während meines Aufenthaltes in Reims zu behandeln Gelegenheit hatte. Der Betreffende, welcher vollkommen bewusstlos war, wurde, so gut es ging, in ein Bad von circa 10° R. gesetzt. Die Krampfanfälle waren anfänglich so hochgradig, dass Patient förmlich aus der Badewanne gehoben wurde, liessen jedoch in kurzer Zeit nach, das Bewusstsein kehrte zurück, und noch vor Ablauf einer Viertelstunde waren die Convulsionen vollständig verschwunden.

Gegenwärtig sind die Wärme-Entziehungen beim Hitzschlage allgemein adoptirt, aber eine zweite, nicht minder wichtige Frage, soll oder darf beim Hitzschlage venaesecirt werden, ist noch immer nicht als vollständig erledigt zu betrachten.

„Es ist eine abscheuliche Gewohnheit,“ sagt schon der alte Regimentschirurg Horn, „dass man bei forcirten Märschen in heisser und schwüler Witterung den von Hitze und Schweiss abgematteten Soldaten, wenn er endlich unter der Last seines Feldgeräths kraftlos niedersinkt, zur Erholung zur Ader lässt.“ Lindesay, welcher bei jedem Kranken einen Aderlass machte, gesteht ganz offen zu, dass er niemals einen Einzigen habe retten können, Gordon welcher ebenfalls regelmässig venaesecirte, verlor von 28 Kranken 27, und Hill*) berechnet die Mortalität in den mit Blutentziehungen behandelten Fällen auf 51,38 p. C., während Barclay, welcher den Aderlass nie anwandte, nur 39,63 °/₀₀ verlor. Bei den englisch-indischen Aerzten ist gegenwärtig der Aderlass geradezu verpönt, der Amerikaner Levick, die Engländer Morehead, Macdonald, Beatson u. A. verwerfen ihn ebenfalls, und trotz-

---

*) Hill begnügt sich nicht einmal mit der Venaesection, sondern empfiehlt die Arteriotomie, weil diese den Druck direct vom Herzen entferne.

dem erheben sich immer und immer wieder Stimmen, welche für
seine Zulässigkeit plaidiren. Obernier, der eingestandenermassen
nie einen Fall von Hitzschlag gesehen hat, sagt z. B.: „Nimmt
aber die Sache irgend eine bedrohliche Wendung, will die Athmung
nicht mehr recht, sieht der Kranke cyanotisch aus, so greife man
ohne Weiteres zur Lanzette....." Wenn Obernier jemals die
Wirkung eines, selbst nur mittelstarken Aderlasses gesehen hätte,
so würde er ihn wahrhaftig nicht so „ohne Weiteres" empfehlen.
Ich habe ihn ein einziges Mal gemacht und denke noch heute mit
einem gewissen Schrecken daran, denn ein tiefer Collaps war die
augenblickliche Folge davon. Noch niemals habe ich bis jetzt
aus einer Krankengeschichte die Ueberzeugung gewinnen können, dass ein einziger Fall von Hitzschlag durch den Aderlass
gerettet worden sei, wenngleich ich auf der anderen Seite zugeben
muss, dass auch trotz der Venaesection Genesung möglich ist*). Ausserdem vermag ich absolut nicht einzusehen, welchen Zweck der
Aderlass beim Hitzschlage haben soll. Will man etwa das durch
den Wasserverlust ohnehin schon verringerte Blutquantum noch
mehr vermindern oder hofft man, dadurch den Eintritt des Lungen-
oedems zu verhüten?·— Von der Quantität des Blutes droht
sicherlich keine Gefahr, wohl aber von der Qualität und diese wird
wahrlich durch den Aderlass nicht verbessert. Der gefährlichste Feind,
welchen wir zu besiegen haben, ist die Herzparalyse und der Eintritt
derselben wird durch die Venaesection nicht hinausgeschoben, sondern im Gegentheil beschleunigt. Ich halte deshalb den Aderlass
beim Hitzschlage nicht nur für einen kaum zu entschuldigenden
Missgriff, sondern geradezu für ein therapeutisches — Verbrechen!

Die einzigen Blutentziehungen, welche ich allenfalls noch gelten
lassen will, sind örtliche, und auch diese dürfen nur bei ganz bestimmten Indicationen gemacht werden. Hierher rechne ich diejenigen Fälle von Sonnenstich, in welchen der Kranke keinerlei
körperlichen Anstrengungen ausgesetzt gewesen war, und bei denen
keine extrem hohe Körpertemperatur besteht. Ebenso dürften diese

---

*) Wieviel in dieser Hinsicht der menschliche Körper zu ertragen vermag,
beweist die Erkrankung Louis XIV, welcher im Jahre 1658 wegen eines
Sonnenstichs 9 mal zur Ader gelassen wurde! —

Blutentziehungen zulässig sein, wenn sich noch längere Zeit nach dem Anfalle Erscheinungen von Gehirn-Hyperaemie bemerkbar machen. Da bei der reinen Form des Sonnenstichs die Paralyse der Gefässmuskulatur besonders hochgradig zu sein pflegt, so ist hier von den Blutentziehungen auch ein wirklicher Erfolg zu erwarten. Zum Ansetzen der Blutegel, denn um solche wird es sich doch meistentheils handeln, dürften sich besonders die beiden Durchtrittsstellen der Vasa emissaria Santorini für den sinus longitudinalis und transversus empfehlen. Die ersteren, die foramina parietalia, liegen bekanntlich paarig dicht neben und etwas hinter der Mitte der Pfeilnaht, die letzteren, foramina condyloidea posteriora, dicht über den Gelenkfortsätzen des Hinterhauptbeines.

Die zweite Aufgabe, welche wir zu erfüllen haben, ist die drohende Herzlähmung zu bekämpfen. So lange sich noch nicht Collaps eingestellt hat, ist es überflüssig, andre Reizmittel als kaltes Wasser in Anwendung zu ziehen, da dieses, besonders in Form der kalten Douche, das beste Mittel ist, die Athmung und Herzthätigkeit auf reflectorischem Wege anzuregen. Ausserdem genügen wir damit zugleich der Indicatio causalis in sofern, als dadurch die Körpertemperatur erniedrigt wird. Lässt uns dies Mittel im Stiche, so ist von den übrigen Hautreizen und Riechmitteln erst recht Nichts zu erwarten, und man vergeude mit ihnen nicht die ohnehin so kostbare Zeit, sondern schreite sofort zur Anwendung subcutaner Injectionen. Zu diesen wurde zuerst das schwefelsaure Chinin von O'Leary verwandt, das später auch Hall*), Fox und Drake warm empfahlen. Ich selbst habe keine Erfahrung über Chinin-Einspritzungen und werde wohl auch schwerlich von ihnen Gebrauch machen, da ich mir beim Hitzschlage zu wenig davon verspreche. Dagegen würde ich überall, wo das Einflössen von Reizmitteln per os nicht möglich und die Einver-

---

*) O'Leary und Hall injicirten 0.3 pro dosi in kurzen Zwischenräumen, Drake 1.8 Grm. in 3 Portionen mit halbstündlichen Intervallen. Zu den Injectionen dürfte sich am besten das chinium amorphum muriaticum der östereichischen Pharmacopoe eignen, weil dieses schwach alkalisch reagirt, in gleichen Theilen Wasser löslich ist und schnell resorbirt wird. Vgl. Berl. klin. Wochenschr. 1876. S. 281.

leibung per clysma wegen Incontinenz unwirksam ist, unzweifelhaft
zur subcutanen Injection von Aether greifen. Ich besitze,
wie gesagt, noch keine Erfahrungen darüber, würde jedoch bei be-
ginnendem Collapse sofort eine Spritze voll Aether injiciren und
diese Dosis, falls es nöthig ist, noch mehrere Male wiederholen. Zur Injectionsstelle dürfte sich am besten der obere Theil
des Rumpfes empfehlen, besonders wenn die Circulation in den Extremitäten schon daniederliegt, und in dringlichen Fällen könnte
selbst die directe Injection in eine Vene geboten sein.

So lange der Kranke noch zu schlucken vermag, halte ich die
innerliche Darreichung von Alkoholicis für unbedingt in-
dicirt. Die englisch-indischen Aerzte, welche unzweifelhaft eine
reiche Erfahrung über die Behandlung des Wärmeschlags besitzen,
sprechen sich einstimmig sehr günstig über die Wirkung des Alkohols aus und reichen denselben entweder in Form von brandy and
water oder per clysma. Ob man gewöhnlichen Branntwein, Cognac,
Rum oder Portwein verabfolgen solle, darauf kommt gewiss nicht
viel an, sondern es wird sich meistens nur fragen, was am schnell-
sten zur Hand ist. In Bezug auf die Quantität sei man nicht
ängstlich, da hier ein Zuviel weniger als ein Zuwenig schadet.

Auch die Electropunctur des Herzens ist von Thurn vorge-
schlagen worden, doch geht aus der Art der Empfehlung nicht hervor, ob Thurn die Operation selbst ausgeführt und welchen Erfolg er davon gesehen hat. In praxi, d. h. auf dem Marsche ist
dieselbe wohl schwerlich ausführbar, und ausserdem dürfte bei
ihrer Anwendung die Gefahr nahe liegen, dass dadurch der letzte
Rest der Herzkraft in möglichst kurzer Frist erschöpft werde.

Für diejenigen Fälle nun, in welchen uns die angeführte Behandlung im Stiche lässt, das Coma immer mehr zunimmt und
die Respiration schliesslich unregelmässig wird, bleibt als ultimum
refugium nur noch die künstliche Athmung übrig. Die einzige
Methode, von welcher man sich noch einen Erfolg versprechen darf,
ist folgende*): Man schiebe dem Kranken ein festes Kissen (Tornister) zwischen die Schulterblätter, stelle sich hinter denselben,
ergreife beide Arme dicht über den Ellenbogengelenken und ziehe

---

*) Vgl. S. 92 des Leitfadens für den Unterricht der Lazarethgehülfen.

sie soweit nach aufwärts, dass sie senkrecht neben den Kopf zu liegen kommen (Einathmung). Darauf lege man die Arme gegen den Thorax und übe damit eine seitliche Compression des Brustkorbes aus (Ausathmung). Diese Methode der künstlichen Respiration leistet nach meinen Erfahrungen ungleich viel mehr als alle übrigen und lässt sich noch in der Weise zweckmässig modificiren, dass man jeden Arm einem Gehülfen übergiebt und selbst den Ausführungsmodus (16—20 Respirationen in der Minute) überwacht resp. die Ausathmung durch Zusammendrücken des Unterleibes unterstützt.

Gegen die im Irritationsstadium sich einstellenden Krämpfe sind von Hutchinson subcutane Injectionen von schwefelsaurem Morphium und von Barclay Chloroforminhalationen empfohlen worden, Mittel, welche mindestens überflüssig, wenn nicht geradezu gefährlich sind*).

Hat sich in günstig verlaufenden Krankheitsfällen der Zustand gebessert, zeigt vor allen Dingen die Körpertemperatur eine erhebliche Abnahme, so bedarf der Betreffende trotzdem noch stundenlang einer sorgfältigen Ueberwachung, da sich erfahrungsgemäss nach einiger Zeit wieder Unregelmässigkeiten in der Herzaction einzustellen pflegen. In diesem Stadium ist die Anwendung der Hautreize, das Frottiren mit Campherspiritus, das Auflegen von Senfteigen, der Gebrauch von Riechmitteln und die innerliche Darreichung von Analepticis am Platze. Ausserdem empfiehlt es sich, die Kranken in ein kühles, gut ventilirtes Zimmer zu legen, sie leicht zu bedecken und von einem zuverlässigen Gehülfen während der nächsten Stunden überwachen zu lassen. Da die vom Hitzschlag Befallenen noch lange Zeit nachher sehr empfindlich gegen höhere Temperaturen bleiben und eine grosse Reizbarkeit des Herzmuskels zu zeigen pflegen, so sind dieselben in den nächsten Wochen noch von allen anstrengenderen Uebungen zu dispensiren.

Alle weitere Behandlung ist selbstverständlich symptomatisch, und würde es mich zu weit führen, wenn ich an dieser Stelle eine

---

*) Barnett wandte Atropin in Verbindung mit Morphium an (0,001 Atropin mit 0.006 Morphium p. dos.) und empfiehlt das erstere wegen seiner erregenden Wirkung auf das Herz.

erschöpfende Therapie der Nachkrankheiten geben wollte. Ich möchte nur noch bemerken, dass sich bei den sogenannten nervösen Erscheinungen der Gebrauch des Bromkaliums und Chloralhydrates, und bei den, durch Exsudate bedingten Lähmungen die Darreichung grosser Dosen Jodkaliums und die consequente Anwendung des constanten Stromes besonders erfolgreich bewiesen haben.

Druckfehler-Verzeichniss.

Seite 12 Zeile 9 lies ἐνσκῆψαν
„ 16 „ 1 „ Mincio.
„ 23 „ 9 „ apoplexia.
„ 26 „ 30 „ 1874.
„ 27 „ 19 „ Ducleaux.
„ 42 „ 3 „ Auftreibung.
„ 47 „ 13 „ Siedamgrotzcki.
„ 80 „ 37 „ ihnen.
„ 105 „ 24 „ auf.
„ 107 „ 19 „ vollständig.
„ 116 „ 29 „ Anaesthesieen.

Gedruckt bei L. Schumacher in Berlin.